Gluck | Orfeo ed Euridice
Orphée et Euridice
Orpheus und Eurydike

Christoph Willibald Gluck

Orfeo ed Euridice / Orphée et Euridice / Orpheus und Eurydike

Oper in drei Aufzügen

Italienischer Originaltext von Ranieri de' Calzabigi
Deutsche Übersetzung von Christine Siegert

Französische Fassung des Originaltexts
von Pierre-Louis Moline
Deutsche Übersetzung von Andreas Münzmay

Herausgegeben und mit einem Nachwort
von Dörte Schmidt

Reclam

RECLAMS UNIVERSAL-BIBLIOTHEK Nr. 19191

Gestaltung: Cornelia Feyll, Friedrich Forssman
Gesamtherstellung: Reclam, Ditzingen. Printed in Germany 2014
RECLAM, UNIVERSAL-BIBLIOTHEK und
RECLAMS UNIVERSAL-BIBLIOTHEK sind eingetragene Marken
der Philipp Reclam jun. GmbH & Co. KG, Stuttgart
ISBN 978-3-15-019191-0
www.reclam.de

Inhalt

Orfeo ed Euridice / Orpheus und Eurydike

ORFEO, ED EURIDICE

Te, dulcis Conjux, te solo in littore secum,
Te veniente die, te decedente canebat.
Virgil.[1]

ORFEO, ED EURIDICE
AZIONE TEATRALE
PER MUSICA
DA
RAPRESENTARSI
NEL TEATRO PRIVILEGIATO
VICINO ALLA CORTE
NELL'AUTUNNO DEL 1762.

IN VIENNA
Nella Stamperia di GHELEN.

ORPHEUS UND EURYDIKE

Dich, holde Gattin, dich besang er ganz allein am Ufer,
dich besang er morgens, dich besang er abends.

Vergil.

ORPHEUS UND EURYDIKE
THEATRALISCHE HANDLUNG
MIT MUSIK

AUFZUFÜHREN
IM PRIVILEGIERTEN THEATER
NÄCHST DER BURG
IM HERBST 1762.

IN WIEN
Im Verlag GHELEN.

Argomento

È noto Orfeo, e celebre il suo lungo dolore nell'immatura morte della sua sposa Euridice. Morì ella nella Tracia; io per comodo dell'unità del luogo la suppongo morta nella Campagna felice presso al lago d'Averno, in vicinanza del quale finsero i Poeti trovarsi una spelonca, che apriva il cammino all'Inferno. L'infelice amante mosse a pietà gli Dei, che gli concessero di penetrar negli Elisi per ripigliarsi la sua diletta, col patto però di non guardarla finchè non fosse tornato sulla Terra. Non seppe il tenero sposo frenar tanto gli affetti, ed avendo contravvenuto al divieto perdè per sempre Euridice. Per adattar la favola alle nostre scene ho dovuto cambiar la catastrofe. Leggasi Virgilio al libro IV. delle Georgiche, al 6to dell'Eneide.

Mutazioni di Scene

Prima.

Ameno, ma solitario boschetto di allori e di cipressi, che ad arte diradato racchiude in un piccolo piano il sepolcro d'Euridice.

Seconda.

Orrida e cavernosa di là dal fiume Cocito,[2] offuscata poi in lontananza da un tenebroso fumo illuminato dalle fiamme, che ingombrano tutta quella orribile abitazione.

Inhalt

Bekannt ist Orpheus und berühmt sein tiefer Schmerz über den zu frühen Tod seiner Gattin Eurydike. Sie starb in Thrakien, ich nehme der Einheit des Ortes wegen an, dass sie im glücklichen Kampanien nahe des Averner Sees gestorben ist, in dessen Nähe die Dichter eine Höhle erfunden haben, die den Weg in die Unterwelt freigibt. Der unglückliche Liebhaber erweichte das Mitleid der Götter, die ihm erlaubten, in die Elysischen Felder vorzudringen, um sich seine Geliebte zurückzuholen, unter der Bedingung jedoch, sie nicht anzusehen, bevor er auf die Erde zurückgekehrt wäre. Der zärtliche Gatte wusste seine Gefühle nicht gut genug zu zügeln, und nachdem er das Verbot übertreten hatte, verlor er Eurydike für immer. Um diese Geschichte an die Erfordernisse unserer Bühne anzupassen, war ich gezwungen, die Katastrophe abzuwenden. Man lese bei Vergil im IV. Buch der Georgica und im 6. der Äneis nach.

Bühnenbilder

Erstens.

Lieblicher, aber einsamer Lorbeer- und Zypressenhain, der das auf einer kleinen Lichtung gelegene Grabmal Eurydikes umgibt.

Zweitens.

Schreckliche höhlenartige Gegend am Ufer des Kokytos, die im Hintergrund in dichten Rauch gehüllt und von Flammen erhellt wird, die diese schreckliche Stätte vollständig versperren.

Terza.

Deliziosa per i boschetti che vi verdeggiano, i fiori che rivestono i prati, i ritiri ombrosi che vi si scuoprono, i fiumi ed i ruscelli, che la bagnano.

Quarta.

Oscura spelonca, che forma un tortuoso laberinto, ingombrato di massi, staccati dalle rupi, che sono tutte coperte di sterpi, e di piante selvagge.

Quinta.

Magnifico Tempio dedicato ad Amore.

Personaggi

ORFEO, Signor Gaetano Guadagni.
EURIDICE, Signora Marianna Bianchi.
AMORE, Signora Lucia Clavarau.
CORI
Di Pastori e di Ninfe,
Di Furie e Spettri nell'Inferno,
Di Eroi ed Eroine negli Elisi,
Di Seguaci d'Orfeo.

La Musica è del Signor Cav. Cristofano Gluck, al servizio delle MM.LL.II.RR.[3]

Drittens.

Liebliche Landschaft aus grünen Hainen, blumengeschmückten Wiesen, schattigen Nischen, die zum Verweilen einladen, Flüssen und Bächen, die sie wässern.

Viertens.

Dunkle Höhle, die ein verschlungenes Labyrinth bildet; es ist von großen Blöcken versperrt, die sich von den von Dornen und Wildpflanzen überwucherten Felsen gelöst haben.

Fünftens.

Prächtiger Amortempel.

Personen

ORPHEUS, Herr Gaetano Guadagni.
EURYDIKE, Madame Marianna Bianchi.
AMOR, Madame Lucia Clavarau.
CHÖRE
von Hirten und Nymphen,
von Furien und Geistern der Unterwelt,
von Helden und Heldinnen in den Elysischen Feldern,
von Gefolgsleuten des Orpheus.

Die Musik ist von Herrn Ritter Christoph Gluck, der im Dienste Ihrer Kaiserlich-Königlichen Majestäten steht.

Inventore, e Direttore de' Balli il Signor Gaspero Angiolini.

Inventore delle Scene il Sig. Gio. Maria Quaglio.

PRIMO BALLO

Di Pastori, e Ninfe Seguaci d'Orfeo.
Si rappresentano in questo Ballo le feste funebri che celebravano gli antichi intorno a' sepolcri de' morti. Consistevano in sagrifizj, in profumi, in sparger fiori e circondarne la tomba, in versar latte e vino sulla medesima, in ballar all'intorno con atti di dolore, e in cantar le lodi del defonto. S'introducevano nelle più solenni de' giovanetti in abito di Genj dando loro e attributi ed azioni convenienti alla persona, e alla qualità del sepolto: Così in questo Ballo intorno all'urna di Euridice piangono de' Genj che rappresentano degli Amorini, & uno in figura d'Imeneo spenge la sua face simbolo dell'unione conjugale separata dalla morte.

SECONDO BALLO

Di spettri nell'Inferno che procurano di spaventare Orfeo.

TERZO BALLO

D'ombre fortunate negli Elisi.[4]
L'Idea di questo Ballo è presa da Virgilio al libro VI. dell' Eneide.[5]

Erfindung und Choreographie der Ballette: Herr Gasparo Angiolini.

Bühnenbilder: Herr Giovanni Maria Quaglio.

ERSTES BALLETT

der Hirten und Nymphen aus dem Gefolge des Orpheus. In diesem Ballett werden die Trauerfeierlichkeiten vorgestellt, die die Alten beim Totenbegräbnis abgehalten haben. Sie bestanden in Weihehandlungen, Rauchopfern, im Verstreuen von Blumen um das Grabmal herum, dem Ausgießen von Milch und Wein auf dasselbe, Tänzen um das Grab mit Bußgebeten und in Lobgesängen auf den Verstorbenen. Am Höhepunkt der Feierlichkeiten traten als Genien gekleidete Jünglinge hinzu und trugen der Person und dem Rang des Begrabenen angemessene symbolische Handlungen bei: Also klagen in diesem Tanz um die Urne Eurydikes Genien in Gestalt von Amoretten, und einer, als Hymenaios, löscht seine Fackel als Symbol der Trennung der Ehegemeinschaft durch den Tod.

ZWEITES BALLETT

der Geister der Unterwelt, die Orpheus zu erschrecken versuchen.

DRITTES BALLETT

der glückseligen Schatten in den Elysischen Feldern.
Das Thema dieses Balletts ist dem VI. Buch von Vergils Äneis entnommen.

QUARTO BALLO

Di Eroi, ed Eroine con Amore, Orfeo, ed Euridice. Si festeggia il ritorno di Euridice, si celebra il Trionfo d'Amore. La face conjugale che fu spenta da Imeneo nel primo Ballo in quest'ultimo è riaccesa da Amore, colla fiamma della sua. Amore ed Imeneo si scambiano vicendevolmente le loro faci, e termina la festa con allegro Ballo.

der Helden und Heldinnen mit Amor, Orpheus und Eurydike. Die Rückkehr Eurydikes wird gefeiert, der Triumph Amors wird gepriesen. Die Hochzeitsfackel, die Hymenaios im ersten Ballett gelöscht hat, wird in diesem letzten von Amor mit der Flamme seiner Fackel wieder entzündet. Amor und Hymenaios tauschen gegenseitig ihre Fackeln aus, und das Fest schließt mit einem Freudentanz.

Orfeo, ed Euridice
Azione teatrale per musica

Overtura

Atto primo

Scena I

Ameno, ma solitario boschetto di allori e cipressi, che ad arte diradato racchiude in un piccolo piano la tomba di Euridice.
All'alzarsi della tenda al suono di mesta sinfonia si vede occupata la scena da un stuolo di Pastori e Ninfe seguaci di Orfeo, che portano serti di fiori e ghirlande di mirto; e mentre una parte di loro arder fa dei profumi, incorona il marmo, e sparge fiori intorno alla tomba, intuona l'altra il seguente Coro; interrotto da' lamenti d'Orfeo che disteso sul davanti sopra d'un sasso, và di tempo in tempo, replicando appassionatamente il nome di Euridice.

Coro

CORO. Ah! Se intorno a quest'urna funesta,
Euridice, ombra bella, t'aggiri;
Odi i pianti, i lamenti, i sospiri,
Che dolenti si spargon per te.

Ed ascolta il tuo sposo infelice,
Che piangendo ti chiama, e si lagna,
Come quando la dolce compagna
Tortorella amorosa perdè.

Orpheus und Eurydike
Theatralische Handlung mit Musik

Ouvertüre

Erster Akt

I. Szene

Lieblicher, aber einsamer Lorbeer- und Zypressenhain, der das auf einer kleinen Lichtung gelegene Grabmal Eurydikes umgibt.
Beim Öffnen des Vorhangs zum Klang einer Trauersinfonie sieht man die Bühne von zahlreichen Hirten und Nymphen aus dem Gefolge des Orpheus bevölkert, die Blumenkränze und Myrtengirlanden tragen; und während ein Teil von ihnen Rauchopfer entzündet, den Marmor bekränzt und um das Grabmal herum Blumen verstreut, stimmt der andere Teil den folgenden Chor an, unterbrochen von den Klagen des Orpheus, der im Vordergrund auf einen Stein gelehnt von Zeit zu Zeit leidenschaftlich den Namen Eurydikes wiederholt.

Chor

CHOR. Ach! Wenn du diese Schreckens-Urne,
Eurydike, schöner Geist, umschwebst,
höre das Weinen, die Klagen, die Seufzer,
die schmerzhaft für dich ausgestoßen werden.

Und erhöre deinen unglücklichen Gatten,
der weinend dich ruft und stöhnt,
weil er die holde Gefährtin,
das geliebte Täubchen verlor.

[Recitativo]

ORFEO. Basta, basta, o compagni: il vostro lutto[6]
Aggrava il mio: spargete
Purpurei fiori, inghirlandate il marmo,
Partitevi da me: restar vogl'io
Solo fra' queste ombre funebri e oscure
Coll'empia compagnia di mie sventure.

[Primo] Ballo

Coro

CORO. Ah! Se intorno a quest'urna funesta,
Euridice, ombra bella, t'aggiri;
Odi i pianti, i lamenti, i sospiri,
Che dolenti si spargon per te.

Seguita il Ballo, terminato il quale tutti partono.[7]

[Aria con Recitativo]

ORFEO. Chiamo il mio ben così
Quando si mostra il dì,
Quando s'asconde.

Ma, oh vano mio dolor!
L'idolo[8] del mio cor
Non mi risponde.

Euridice! Euridice!
Ombra cara, ove sei? Piange il tuo sposo.
Ti domanda agli Dei,
A' mortali ti chiede; e sparse a' venti
Son le lagrime sue, i suoi lamenti.

Cerco il mio ben così,
In queste, ove morì
Funeste sponde.

[Rezitativ]

ORPHEUS. Genug, genug, o Gefährten: Eure Trauer
verschlimmert die meine. Verstreut
purpurne Blumen, schmückt den Marmor mit Girlanden,
und weicht von mir: Ich möchte alleine
unter den traurigen und dunklen Schatten bleiben,
nur in Begleitung meines Unglücks.

[Erstes] Ballett

Chor

CHOR. Ach! Wenn du diese Schreckens-Urne,
Eurydike, schöner Geist, umschwebst,
höre das Weinen, die Klagen, die Seufzer,
die schmerzhaft für dich ausgestoßen werden.

Es folgt der Tanz, nach dem alle abgehen.

[Arie mit Rezitativ]

ORPHEUS. So rufe ich meine Geliebte,
wenn der Tag anbricht,
wenn er sich neigt.

Aber vergebens ist mein Schmerz!
Die Göttin meines Herzens
antwortet mir nicht.

Eurydike! Eurydike!
Geliebter Schatten, wo bist du? Dein Gatte weint.
Er fordert dich bei den Göttern
von den Toten zurück; und in die Winde zerstreut
sind seine Tränen und Klagen.

So suche ich meine Geliebte,
dort wo sie starb,
an den todbringenden Ufern.

Ma sola al mio dolor,
Perche conobbe amor
L'Eco[9] risponde.

Euridice! Euridice! Ah! questo nome
San le spiagge, e le selve
L'appresero da me. Per[10] ogni valle
Euridice risuona: In ogni tronco
Scrisse il misero Orfeo, Orfeo infelice:
Euridice, idol mio: cara Euridice.

Piango il mio ben così
Se il Sole indora il dì,
Se và nell'onde.

Pietoso al pianto mio
Va mormorando il rio
E mi risponde.

Numi! barbari Numi!
D'Acheronte,[11] e d'Averno[12]
Pallidi[13] abitator, la di cui mano
Avida delle morti
Mai disarmò, mai trattener non seppe
Beltà nè gioventù; Voi mi rapiste
La mia bella Euridice
(Oh memoria crudel!) sul fior degli anni:
La rivoglio da voi, Numi tiranni.
Ho core anch'io, per ricercar sull'orme
Dei più intrepidi Eroi, nel vostro orrore
La mia sposa, il mio ben …

Aber einzig Echo,
weil sie selbst geliebt hat,
antwortet auf meinen Schmerz.

Eurydike! Eurydike! Ach! diesen Namen
kennen die Strände und die Wälder,
sie lernten ihn von mir. Durch jedes Tal
schallt der Name Eurydike: In jeden Baumstamm
schrieb der elende Orpheus, der unglückliche Orpheus:
Eurydike, meine Göttin: geliebte Eurydike.

So beweine ich meine Geliebte,
wenn die Sonne den Tag erglänzen lässt,
wenn sie im Wasser versinkt.

Von meiner Klage zum Mitleid gerührt
murmelt der Bach
und antwortet mir.

Götter! grausame Götter!
des Acheron und des Averner Sees
bleiche Bewohner, deren Hand,
gierig nach Toten,
nie Schönheit noch Jugend zu entwaffnen, nie
zurückzuhalten wusste; ihr raubtet mir
meine schöne Eurydike
(o grausame Erinnerung!) in der Blüte ihrer Jahre:
Ich will sie von euch zurück, tyrannische Götter.
Ich habe genug Mut, um auf den Spuren
der furchtlosesten Helden in eurem Schreckensreich
nach meiner Gattin, meiner Geliebten zu forschen …

Scena II

Amore e detto.

T'assiste Amore.
Orfeo, della tua pena
Giove sente pietà. Ti si concede
Le pigre onde di Lete[14]
Vivo varcar. Del tenebroso abisso
Sei sulla via: se placar puoi col canto
Le furie, i mostri, e l'empia morte; al giorno
La diletta Euridice
Farà teco ritorno …

ORFEO. Ah! come. Ah! quando;
E possibil sarà? … spiegati.

AMORE. Avrai
Valor che basti a questa prova estrema?

ORFEO. Mi prometti Euridice, e vuoi ch'io tema!

AMORE. Sai però con qual patto
L'impresa hai da compir?

ORFEO. Parla.

AMORE. Euridice
Ti si vieta il mirar, finche non sei
Fuor degli[15] antri di Stige,[16] e il gran divieto
Rivelarle non dei; se no: la perdi,
E di novo, e per sempre; e in abbandono
Al tuo fiero desio
Sventurato vivrai. Pensaci; addio.

II. Szene

Amor und der Vorige.

Dir wird Amor beistehen.
Orpheus, gegenüber deiner Qual
fühlt Zeus Mitleid. Dir sei es erlaubt,
die trägen Wasser der Lethe
lebend zu überschreiten. Du bist auf dem Weg in den dunklen Abgrund: Wenn du mit deinem Gesang
die Furien, die Ungeheuer und den schändlichen Tod zu besänftigen vermagst, wird deine geliebte Eurydike
mit dir ans Tageslicht zurückkehren …

ORPHEUS. Ach! wie? Ach! wann?
Und das soll möglich sein? … Erkläre dich.

AMOR. Wirst du die Tugend aufbringen,
die diese äußerste Prüfung verlangt?

ORPHEUS. Du versprichst mir Eurydike und willst, dass ich mich fürchte!

AMOR. Doch weißt du, unter welcher Bedingung
du das Unternehmen vollbringen musst?

ORPHEUS. Sprich.

AMOR. Es sei dir verboten, Eurydike
anzusehen, bis du
der Höhle des Styx entstiegen bist, und das große Verbot
darfst du ihr nicht entdecken; andernfalls wirst du sie
erneut und für immer verlieren; und allein
mit deinem stolzen Wunsch
im Unglück leben. Denk darüber nach; leb wohl.

[Aria]

Gli sguardi trattieni,
Affrena gli accenti:
Rammenta che[17] peni,
Che pochi momenti
Hai più da penar.

Sai pur[18] che talora
Confusi,[19] tremanti
Con chi gl'innamora;
Son ciechi gli amanti
Non sanno parlar. *(Parte.)*

[Recitativo]

ORFEO. Che disse! che ascoltai! Dunque Euridice
Vivrà, l'avrò presente, e doppo i tanti
Affanni miei, in quel momento, in quella
Guerra d'affetti, io non dovrò mirarla,
Non stringerla al mio sen! Sposa infelice!
Che dira mai? Che penserà? Preveggo
Le smanie sue: comprendo
Le angustie mie. Nel figurarlo solo
Sento gelarmi il sangue,
Tremarmi il cor … Ma … lo potrò: lo voglio:
Ho risoluto. Il grande
L'insoffribil de' mali è l'esser privo
Dell'unico dell'alma amato oggetto:
Assistetemi, o Dei, la legge accetto.
(Si vede un lampo, si sente un tuono, e parte Orfeo.)

Fine dell'Atto primo.

[Arie]

Die Blicke beherrsche,
zügele die Worte:
Bedenke, dass du leidest,
aber nur wenige Augenblicke
noch leiden musst.

Du wirst wissen, dass manchmal
verwirrte, zitternde
Liebende vor Verliebtheit
blind sind
und nicht sprechen können. *(Geht ab.)*

[Rezitativ]

ORPHEUS. Was hat er gesagt! Was habe ich gehört!
Also wird Eurydike leben, sie wird bei mir sein,
und nach so vielen Sorgen werde ich sie in jenem
Moment, in jenem Widerstreit der Gefühle nicht
ansehen, nicht an meine Brust drücken dürfen!
Unglückliche Gattin! Was wird sie sagen? Was wird sie
denken? Ich sehe ihre Erregung voraus: ich erkenne
die Bedrängnis, die mir bevorsteht. Schon in der
Vorstellung fühle ich, wie mir das Blut gefriert,
wie mein Herz zittert … Aber … ich werde es schaffen:
Ich will es, ich habe entschieden.
Das große unerträgliche Unglück ist,
von dem einzigen Objekt der Begierde getrennt zu sein:
Helft mir, o Götter, die Bedingungen nehme ich an.
(Man sieht einen Blitz, man hört einen Donner und Orpheus geht ab.)

Ende des ersten Akts.

Atto Secondo

Scena I

Orrida e cavernosa di la dal fiume Cocito, offuscata poi in lontananza da un tenebroso fumo illuminato da fiamme, che ingombra tutta quella orribile abitazione.
Appena aperta la scena al suono di orribile sinfonia comincia il Ballo di furie e spettri che viene interrotto dalle armonie[20] della lira d'Orfeo, il quale comparendo poi sulla scena tutta quella turba infernale intuona il seguente.

[Secondo] Ballo
Coro

CORO. Chi mai dell'Erebo[21]
Fralle caligini
Sull'orme d'Ercole[22]
E di Piritoo[23]
Conduce il piè?

Ballo
Coro

D'orror l'ingombrino
Le fiere Eumenidi:[24]
E lo spaventino
Gli urli di Cerbero[25]
Se un Dio non è.

Ripigliano le furie il ballo[26] girando intorno ad Orfeo per spaventarlo.

Zweiter Akt

I. Szene

Schreckliche höhlenartige Gegend am Ufer des Kokytos, die im Hintergrund in dichten Rauch gehüllt und von Flammen erhellt wird, die diese schreckliche Stätte vollständig versperren.
Zum Klang einer schrecklichen Sinfonie wird der Vorhang geöffnet und es beginnt das Ballett der Furien und Geister, das von den Lyraklängen des Orpheus unterbrochen wird. Als dieser auf der Szene erscheint, lässt die Menge der Höllengeister folgendes hören.

[Zweites] Ballett
Chor

CHOR. Wer wagt es, seinen Fuß
durch die Nebel
auf den Spuren des Herakles
und des Peirithoos
in den Erebos zu setzen?

Ballett
Chor

Die stolzen Eumeniden
mögen ihn entsetzen und davon abhalten
und es möge ihn
das Geheul des Kerberos erschrecken,
wenn er kein Gott ist.

Die Furien nehmen den Tanz wieder auf und umringen Orpheus, um ihn zu erschrecken.

Ballo

[Aria]

ORFEO. Deh placatevi con me
Furie, Larve, Ombre sdegnose.

CORO. No.

ORFEO. Vi renda almen pietose
Il mio barbaro dolor.

Coro

CORO *(raddolcito, e con espressione di qualche compatimento).*
Misero giovine![27]
Che vuoi, che mediti?
Altro non abita,
Che lutto e gemito
In queste orribili
Soglie funeste.

[Aria]

ORFEO. Mille pene, Ombre moleste,
Come voi sopporto anch'io:
Ho con me l'inferno mio,
Me lo sento in mezzo al cor.

Coro

CORO *(con maggior dolcezza).* Ah! quale incognito
Affetto flebile
Dolce a sospendere
Vien l'implacabile
Nostro furor.

[Aria]

ORFEO. Men tiranne ah! voi sareste
Al mio pianto, al mio lamento;
Se provaste un sol momento
Cosa sia languir d'amor.

Ballett

[Arie]

ORPHEUS. Nun, lasst euch beruhigen,
Furien, Larven, abscheuliche Schatten.

CHOR. Nein.

ORPHEUS. Wenigstens mein schweres Unglück
sollte euch mitleidig stimmen.

Chor

CHOR *(milder und mit Ausdruck einigen Mitgefühls).*
Armer Jüngling!
Was willst du, was planst du?
Nichts andres
als Trauer und Stöhnen
wohnt in diesen
Verderben bringenden Gestaden.

[Arie]

ORPHEUS. Tausend Schmerzen, lästige Schatten,
leide ich, wie ihr:
Meine eigene Höllenqual brennt in mir,
sie durchbohrt mir das Herz.

Chor

CHOR *(sanfter).* Ach! welches unbekannte
zarte, süße Gefühl
lässt
unsere unerbittliche Wut
verschwinden.

[Arie]

ORPHEUS. Ach! weniger tyrannisch wäret ihr
gegenüber meinem Weinen und meiner Klage,
wenn ihr nur einen Augenblick lang erfahren würdet,
was es heißt, vor Liebe zu vergehen.

CORO *(sempre più raddolcito).* Ah! quale incognito
Affetto flebile
Dolce a sospendere
Vien l'implacabile
Nostro furor.

Le porte stridano
Su'[28] neri cardini;
E il passo lascino
Sicuro e libero
Al vincitor.

Cominciano a ritirarsi le furie ed i mostri, e dileguandosi per entro le scene, ripetono l'ultima strofa di[29] *Coro, che continuando sempre frattanto, che si allontanano, finisce finalmente in un confuso mormorio. Sparite le Furie, sgombrati i Mostri, Orfeo s'avanza nell'inferno.*

CHOR *(immer sanfter)*. Ach! welches unbekannte
zarte, süße Gefühl
lässt
unsere unerbittliche Wut
verschwinden.

Die Türen mögen kreischen
in ihren schwarzen Angeln
und den
sicheren und freien Weg öffnen
für den Sieger.

Die Furien und Ungeheuer beginnen sich zurückzuziehen und indem sie sich auf der Szene zerstreuen, wiederholen sie die letzte Chorstrophe, die sie fortsetzen, während sie sich entfernen, und die in ein gemurmeltes Durcheinander mündet. Nachdem die Furien verschwunden und die Ungeheuer gezähmt sind, tritt Orpheus in die Unterwelt ein.

Scena II

Deliziosa per i boschetti, che vi verdeggiano, i fiori, che rivestono i prati, i ritiri ombrosi, che vi si scuoprono, i fiumi ed i ruscelli, che la bagnano.
Orfeo, ed indi Coro di Eroi, ed Eroine, poi Euridice.

[Terzo] Ballo
[Recitativo]

ORFEO. Che puro ciel! Che chiaro sol! Che nuova
Serena luce è questa mai! Che dolce
Lusinghiera armonia formano insieme
Il cantar degli augelli,
Il correr de' ruscelli,
Dell'aure il sussurar! Questo è il soggiorno
De' fortunati Eroi: Qui tutto spira
Un tranquillo contento,
Ma non per me. Se l'idol mio non trovo
Sperar nol[30] posso: i suoi soavi accenti,
Gli amorosi suoi sguardi, il suo bel riso
Sono il mio solo, il mio diletto Eliso.
(Guardando per la scena.) Ma in qual parte sarà?[31]
(Inoltrandosi verso il Coro.) Chiedasi a questo
Che mi viene a incontrar stuolo felice.
Euridice dov'è?
CORO. Giunge Euridice.

Coro

Vieni a' regni del riposo
Grande[32] Eroe, tenero sposo,
Raro esempio in ogni età.

II. Szene

Liebliche Landschaft aus grünen Hainen, blumengeschmückten Wiesen, schattigen Nischen, die zum Verweilen einladen, Flüssen und Bächen, die sie wässern.
Orpheus, dann der Chor der Helden und Heldinnen, danach Eurydike.

[Drittes] Ballett
[Rezitativ]

ORPHEUS. Welch klarer Himmel! Welch helle Sonne! Was für ein neues heiteres Licht ist dies! Was für eine süße, schmeichelhafte Harmonie entsteht
durch den Gesang der Vögel,
das Murmeln der Bächlein
und das Säuseln der Winde! An diesem Ort wohnen
die glücklichen Helden: Hier atmet alles
stille Zufriedenheit,
aber nicht für mich. Wenn ich meine Göttin nicht finde,
gibt es keine Hoffnung für mich: ihre süße Stimme,
ihre liebevollen Blicke, ihr schönes Lächeln
ist mein einziges, mein ersehntes Elysium.
(Blickt über die Bühne.) Aber wo kann sie sein?
(Er wendet sich an den Chor.) Ich werde diese
glückliche Schar fragen, die ich hier angetroffen habe.
Wo ist Eurydike?

CHOR. Eurydike kommt.

Chor

Komm ins Reich der Ruhe,
großer Held, zärtlicher Gatte,
leuchtendes Vorbild für alle Zeiten.

Euridice amor ti rende:
Già risorge, già riprende
La primiera sua beltà.

Segue Ballo degli Eroi.

Ballo

[Recitativo]

ORFEO. Anime avventurose,
Ah! tollerate in pace
Le impazienze mie; se foste amanti,
Conoscerete a prova
Quel focoso desio, che mi tormenta,
Che per tutto è con me. Nemmeno in questo
Placido albergo esser poss'io felice
Se non trovo il mio ben.

CORO. Viene Euridice.

Coro

Torna, o bella, al tuo consorte,
Che non vuol, che più diviso
Sia da te, pietoso il Ciel.

Non lagnarti di tua sorte,
Che può dirsi un altro Eliso
Uno sposo sì fedel.

Da un Coro di Eroine vien condotta Euridice vicino ad Orfeo il quale senza guardarla, e con atto di somma premura la prende per mano, e la conduce subito via. Seguita poi il Ballo degli Eroi ed Eroine, e si ripiglia il canto del Coro, supposto continuarsi fino a tanto che Orfeo ed Euridice, non sono affatto fuora degli Elisi.

Fine dell'Atto secondo.

Eurydike erwidert deine Liebe:
Schon lebt sie wieder auf, schon erblüht
ihre frühere Schönheit neu.

Es folgt ein Tanz der Helden.

Ballett

[Rezitativ]

ORPHEUS. Kühne Seelen,
ach! ertragt friedlich
meine Ungeduld; wenn ihr liebtet,
würdet ihr sicher
diesen innigsten, brennenden Wunsch kennen,
der mich verzehrt. Ebenso wenig könnte ich an diesem
idyllischen Ort glücklich sein,
wenn ich meine Geliebte nicht finde.

CHOR. Eurydike kommt.

Chor

Kehre, o Schöne zu deinem Gefährten zurück.
Der gnädige Himmel will nicht,
dass er weiterhin von dir getrennt bleibe.

Beklage nicht dein Schicksal,
denn ein so treuer Gatte kann
ebensogut ein Elysium genannt werden.

Von einem Chor der Heldinnen wird Eurydike nahe zu Orpheus geführt, der, ohne sie anzusehen und höchst erregt, sie bei der Hand nimmt und sofort wegführt. Es folgt das Ballett der Helden und Heldinnen, und der Chor nimmt seinen Gesang wieder auf, der so lange weitergeführt wird, bis Orpheus und Eurydike die Elysischen Felder verlassen haben.

Ende des zweiten Akts.

Atto terzo

Scena I

Oscura spelonca, che forma un tortuoso laberinto, ingombrato di massi staccati dalle rupi, che sono tutte coperte di sterpi, e di piante selvagge.
Orfeo, ed Euridice.

[Recitativo]

ORFEO *(ad Euridice, che conduce per mano sempre senza guardarla)*. Vieni, segui i miei passi,
Unico amato oggetto
Del fedele amor mio.
EURIDICE *(con sorpresa)*. Sei tu! M'inganno?
Sogno? Veglio? Deliro?[33]
ORFEO *(con fretta)*. Amata Sposa,
Orfeo son'io, e vivo ancor: ti venni
Fin negli Elisi a ricercar: fra poco
Il nostro cielo, il nostro sole, il mondo
Di bel nuovo vedrai.
EURIDICE *(sospesa)*.[34] Come! ma con qual arte?
Ma per qual via? – – – –
ORFEO. Saprai
Tutto da me; *(con premura)* per ora
Non chieder più; meco t'affretta: e il vano
Importuno timor dall'alma sgombra:
Ombra tu più non sei, io non son ombra.
EURIDICE. Che ascolto! e sarà ver![35] pietosi Numi
Qual contento è mai questo! io dunque in braccio
All'idol mio, fra' più soavi lacci

Dritter Akt

I. Szene

Dunkle Höhle, die ein verschlungenes Labyrinth bildet; es ist von großen Blöcken versperrt, die sich von den von Dornen und Wildpflanzen überwucherten Felsen gelöst haben. Orpheus und Eurydike.

[Rezitativ]

ORPHEUS *(zu Eurydike, die er an der Hand führt, immer ohne sie anzusehen)*. Komm, folge meinen Schritten, einzig Geliebte
meiner treuen Liebe.

EURYDIKE *(erstaunt)*. Du bist es! Täusche ich mich?
Träume ich? Wache ich? Täuschen mich die Sinne?

ORPHEUS *(eilig)*. Geliebte Gattin,
ich bin Orpheus, und ich lebe noch: ich bin bis in die Elysischen Felder gekommen, um dich zurückzuholen: bald wirst du unseren Himmel, unsere Sonne und die Welt von neuem erblicken.

EURYDIKE *(besorgt)*. Wie! aber mit welcher List?
Und auf welchem Wege? ––––

ORPHEUS. Du wirst
alles von mir erfahren; *(drängend)* jetzt
frage nicht weiter, eile mit mir: und die eitle
lästige Furcht wird vergehen: Du
bist kein Schatten mehr, wie auch ich kein Schatten bin.

EURYDIKE. Was höre ich! Könnte es wahr sein! Mitleidsvolle Götter, welche Freude fühle ich! Ich werde also im Arm meines Geliebten, in den süßesten Banden

D'Amore e d'Imeneo,
Nuova vita vivrò!

ORFEO. Sì, mia speranza;
Ma tronchiam le dimore,
Ma seguiamo il cammin. Tanto è crudele
La fortuna con me, che appena io credo
Di possederti; appena
So dar fede a me stesso.

EURIDICE (*mesta e risentita, ritirando la mano da Orfeo*). E un dolce sfogo
Del tenero amor mio, nel primo istante
Che tu ritrovi me, ch'io te riveggo,
T'annoja, Orfeo!

ORFEO. Ah! non è ver. Ma … sappi …
Senti … (oh legge crudel!) bella Euridice
Inoltra i passi tuoi.

EURIDICE. Che mai t'affanna
In sì lieto momento?

ORFEO. (Che dirò! lo preveddi; ecco il cimento.)

EURIDICE. Non mi abbracci! non parli!
Guardami almen (*tirandolo, perche la guardi*). Dimmi; son bella ancora
Qual era un dì? vedi; che forse è spento
Il roseo del mio volto? Odi; che forse
S'oscurò quel che amasti
E soave chiamasti
Splendor de' sguardi miei?

ORFEO. (Più che l'ascolto,
Meno resisto: Orfeo coraggio.) Andiamo
Mia diletta Euridice: or non è tempo

von Amor und Hymenaios
ein neues Leben beginnen!

ORPHEUS. Ja, Hoffnung meines Herzens;
aber verlassen wir diese Gefilde,
folgen wir unserem Weg. So grausam
ist das Schicksal mit mir, dass ich kaum glauben kann,
dich wiederzuhaben; kaum
vertrau ich auf mich selbst.

EURYDIKE *(traurig und gekränkt, entzieht Orpheus die Hand)*. Und ein süßer Beweis
meiner zärtlichen Liebe im ersten Moment,
da du mich wiederfindest, da ich dich wiedersehe,
bekümmert dich, o Orpheus!

ORPHEUS. Ach! das stimmt nicht. Aber … wisse …
höre … (o grausames Gesetz!) schöne Eurydike,
beschleunige deinen Schritt.

EURYDIKE. Was ängstigt dich
in einem so glücklichen Augenblick?

ORPHEUS. (Was soll ich sagen! Ich habe es vorhergesehen; nun kommt die Prüfung.)

EURYDIKE. Du umarmst mich nicht! Du antwortest nicht! Sieh mich zumindest an *(sie hält ihn fest, damit er sie ansehe)*. Sag mir, bin ich noch so schön
wie ich es einst war? Sieh, ist vielleicht die Röte
in meinem Antlitz erloschen? Höre, hat sich vielleicht
jener Glanz meiner Augen getrübt,
den du geliebt
und lieblich genannt hast?

ORPHEUS. (Je länger ich zuhöre, umso weniger kann ich widerstehen: nur Mut, Orpheus.) Gehen wir, meine geliebte Eurydike: Jetzt ist nicht die Zeit

Di queste tenerezze: ogni dimora
È fatale per noi.

EURIDICE. Ma ... un sguardo solo ...

ORFEO. È sventura il mirarti.

EURIDICE. Ah infido! E queste
Son l'accoglienze tue! mi nieghi un sguardo,
Quando dal caro amante,
E dal tenero sposo
Aspettarmi io doveva gli amplessi e i baci![36]

ORFEO. (Che barbaro martir!) Ma vieni, e taci. *(Sentendola vicina, prende la sua mano, e vuol condurla.)*

EURIDICE. Ch'io taccia! *(Ritira la mano con sdegno.)*
E questo ancora
Mi restava a soffrir! dunque hai perduta
La memoria, l'amore,
La costanza, la fede! ... E a che svegliarmi
Dal mio dolce riposo, or che hai[37] pur spente
Quelle a entrambi sì care
D'Amore, e d'Imeneo pudiche faci! ...
Rispondi, traditor.

ORFEO. Ma; vieni, e taci.

[Duetto]

Vieni: appaga il tuo consorte.

EURIDICE. No: più cara è a me la morte
Che di vivere con te.

ORFEO. Ah crudel!

EURIDICE. Lasciami in pace.

ORFEO. Nò: mia vita, ombra seguace
Verrò sempre intorno a te.

EURIDICE. Ma perche sei sì tiranno?

für solche Zärtlichkeiten: jedes Verweilen
ist verhängnisvoll für uns.

EURYDIKE. Aber … ein einziger Blick …

ORPHEUS. Dich anzusehen bringt Unglück.

EURYDIKE. Ach, Ungetreuer! Und so
empfängst du mich! Du verweigerst mir einen Blick,
während ich von meinem teuren Geliebten
und zärtlichen Gatten
Umarmungen und Küsse erwarten durfte!

ORPHEUS. (Welch grausame Qualen!) Aber komm und schweig. *(Er fühlt, dass sie nahe ist, nimmt sie bei der Hand und möchte sie wegführen.)*

EURYDIKE. Ich soll schweigen! *(Sie zieht ihre Hand mit dem Ausdruck der Verachtung zurück.)* Das musste ich noch erleiden! Also hast du
Erinnerung, Liebe,
Beständigkeit und Treue verloren! … Und indem du mich aus meinem Zustand der süßen Ruhe gerissen hast, hast du die reinen Fackeln von Amor und Hymenaios gelöscht, die beiden so teuer sind! …
Antworte, Verräter.

ORPHEUS. Aber; komm und schweig.

[Duett]

Komm: Erfülle den Wunsch deines Gefährten.

EURYDIKE. Nein: Lieber ist mir der Tod
als mit dir zu leben.

ORPHEUS. Ach, Grausame!

EURYDIKE. Lass mich in Frieden.

ORPHEUS. Nein, mein Leben, wie ein Schatten
werde ich dir folgen und immer um dich sein.

EURYDIKE. Aber warum bist du so grausam?

ORFEO. Ben potrò morir d'affanno,
Ma giammai dirò perchè.
A DUE. Grande, o Numi, è il dono vostro
Lo conosco, e grato/grata io sono:
Ma il dolor, che unite al dono
È insoffribile per me.

(Nel terminare il duetto ambedue, ciascuno dalla sua parte si appoggiano ad un albero.)

[Recitativo]

EURIDICE. Qual vita è questa mai,
Che a vivere incomincio! ... E qual funesto
Terribile segreto Orfeo m'asconde!...
Perche piange e s'affligge! ... Ah non ancora
Troppo avezza agli affanni
Che soffrono i viventi, a sì gran colpo
Manca la mia costanza ... agli occhi miei
Si smarrisce la luce ... oppresso in seno
Mi diventa affannoso
Il respirar. Tremo ... vacillo ... e sento
Frall'angoscia,[38] e il terrore
Da un palpito crudel vibrarmi il core.

[Aria]

Che fiero momento!
Che barbara sorte!
Passar dalla morte
A tanto dolor!

Avvezza al contento
D'un placido oblio,
Frà queste tempeste
Si perde il mio cor.

ORPHEUS. Lieber möchte ich vor Seelenpein sterben
als jemals zu sagen, warum.

BEIDE. Groß, o Götter, ist eure Gunst
ich erkenne es und bin dankbar dafür:
Aber den Schmerz, den ihr mit dieser Gunst
verbindet, kann ich nicht ertragen.

(Nach dem Ende des Duetts lehnt sich jeder an einer Seite an einen Baum.)

[Rezitativ]

EURYDIKE. Was ist das für ein Leben,
das ich zu leben begonnen habe! ... Und welches dunkle,
schreckliche Geheimnis verbirgt Orpheus vor mir! ...
Warum weint er und betrübt sich! ... Ach, noch
bin ich nicht so sehr an die Sorgen
der Lebenden gewöhnt; an einem so harten Schlag
scheitert meine Beständigkeit ... vor meinen Augen
verdunkelt sich das Licht ... beklemmt in der Brust
wird mir das Atmen schwer.
Ich zittre ... wanke ... und fühle
vor Angst und Schrecken
mein Herz heftig erzittern.

[Arie]

Welch schrecklicher Augenblick!
Welch grausames Schicksal!
Den Tod
mit so viel Schmerz zu vertauschen!

Gewöhnt an das Behagen
eines friedlichen Vergessens
verliere ich angesichts dieser Stürme
den Mut.

[Recitativo]

ORFEO. (Ecco un nuovo tormento.)

EURIDICE. Amato sposo
M'abbandoni così! mi struggo in pianto
Non mi consoli! il duol m'opprime i sensi,
Non mi soccorri! ... un altra volta, oh stelle!
Dunque morir degg'io,
Senza un amplesso tuo ... senza un addio!

ORFEO. (Più frenarmi non posso: a poco a poco
La ragion m'abbandona, oblio la legge,
Euridice, e me stesso;) E... *(In atto di voltarsi, e poi pentito.)*

EURIDICE. Orfeo ... Consorte ...
Ah ... mi sento ... languir ... *(Si getta a sedere sopra un sasso.)*

ORFEO. No sposa ... ascolta ... *(In atto di voltarsi a guardarla, e con impeto.)*
Se sapessi ... (Ah! che fo? ... ma fino a quando
In questo orrido inferno
Dovrò penar!)

EURIDICE. Ben ... mio ...
Ricordati ... di ... me ...

ORFEO. Che affanno! ... Oh! come
Mi si lacera il cor. Più non resisto:
Smanio: fremo: deliro ... ah! mio tesoro ... *(Si volta con impeto, e la guarda.)*

EURIDICE. Giusti Dei, che m'avvenne. *(Alzandosi con forza e tornando a cadere.)* Io ... manco ... Io ... mo...ro ... *(More.)*

ORFEO. Ahimè! dove trascorsi! ove mi spinse
Un delirio d'amor! *(Le s'accosta con fretta.)* Sposa! ...
Euridice! ... *(La scuote.)*

[Rezitativ]

ORPHEUS. (Was für neue Qualen.)

EURYDIKE. Geliebter Gatte,
so verlässt du mich! Ich vergehe vor Weinen,
du tröstest mich nicht! Der Schmerz raubt mir die Sinne,
du rettest mich nicht! ... ein weiteres Mal, o Himmel!
muss ich also sterben,
ohne eine Umarmung von dir ... ohne Abschied!

ORPHEUS. (Ich kann mich nicht länger zurückhalten: nach und nach verlässt mich der Verstand, ich vergesse das Verbot, Eurydike und mich selbst.) E... *(Sich umdrehend und dann innehaltend).*

EURYDIKE. Orpheus ... Gefährte ...
Ach ... ich fühle mich ... ermatten ... *(Sie sinkt auf einem Felsen nieder.)*

ORPHEUS. Nein, Gattin ... hör mir zu ... *(sich umdrehend um sie anzusehen, heftig.)*
Wenn du wüsstest ... (Ach! was tu ich? ... aber wie lange
werde ich in dieser schrecklichen Hölle
leiden müssen!)

EURYDIKE. Ge...liebter ...
Erinnere dich ... an ... mich ...

ORPHEUS. Welche Angst! ... O! wie
zerreißt es mir das Herz. Ich kann es nicht länger
ertragen: Ich rase, zittere, vergehe ... ach! meine Geliebte ... *(Er dreht sich heftig um und sieht sie an.)*

EURYDIKE. Gerechte Götter, wie ist mir. *(Sie erhebt sich mühsam und fällt wieder zurück.)* Ich ... vergehe ... Ich ... ster...be ... *(Stirbt.)*

ORPHEUS. O weh! Wo bist du hin! Wohin hat mich eine blinde Liebe geführt! *(Er nähert sich ihr eilends.)* Gattin! ... Eurydike! ... *(Er schüttelt sie.)*

Euridice! … Consorte! ah più non vive,
La chiamo in van, misero me, la perdo,
E di nuovo, e per sempre! oh legge! oh morte!
Oh ricordo crudel! non ho soccorso,
Non m'avanza consiglio. Io veggo solo,
(Oh[39] fiera vista!) il luttuoso aspetto
Dell'orrido mio stato:
Saziati sorte rea, son disperato.

[Aria]

ORFEO. Che farò senza Euridice!
Dove andrò senza il mio ben!
Euridice! … Oh Dio! rispondi.
Io son pure il tuo fedel.

Euridice! Ah! non m'avanza
Più soccorso, più speranza
Ne dal mondo, ne dal ciel;

Che farò senza Euridice!
Dove andrò senza il mio ben!

[Recitativo]

Ma![40] finisca e per sempre
Colla vita il dolor. Del nero Averno
Sono ancor sulla via:[41] lungo cammino
Non è quel, che divide
Il mio bene da me. Si: aspetta, o cara
Ombra dell'idol mio. Ah![42] questa volta
Senza lo sposo tuo non varcherai
L'onde lente di Stige.[43] *(Vuol ferirsi.)*

Eurydike! ... Gefährtin! ach, sie lebt nicht mehr,
ich rufe sie vergebens. Ich Unglückseliger, ich verliere sie
erneut und für immer! o tödliches Gesetz!
o grausame Erinnerung! Für mich gibt es keine Rettung,
kein Rat kann mir helfen. Ich sehe nur
(o grausiger Anblick!) meine traurige und
fürchterlich aussichtslose Lage: Sättige
dich, schuldbehaftetes Schicksal, ich bin verzweifelt.

[Arie]

ORPHEUS. Was mache ich ohne Eurydike!
Was fange ich ohne meine Geliebte an!
Eurydike! ... O Gott! antworte.
Ich bin doch dein treuer Gatte.

Eurydike! Ach! für mich kommt
keine Rettung, keine Hoffnung mehr,
weder von der Erde, noch vom Himmel.

Was mache ich ohne Eurydike!
Was fange ich ohne meine Geliebte an!

[Rezitativ]

Aber! mit dem Leben hört auch
der Schmerz für immer auf. Noch immer bin ich auf dem
Weg zum schwarzen Averner See:
dies ist kein langer Weg, der
meine Geliebte von mir trennt. Ja: warte, o teurer
Schatten meiner Geliebten. Ach! dieses Mal
wirst du nicht ohne deinen Gatten die trägen
Wasser des Styx überqueren. *(Er will sich erstechen.)*

Scena II

Amore e detti.

AMORE. Orfeo! che fai? *(Lo disarma.)*

ORFEO *(con impeto e fuori di se).*
E chi sei tu, che trattenere ardisci
Le dovute a' miei casi
Ultime furie mie?

AMORE. Questo furore
Calma, deponi, e riconosci Amore.

ORFEO *(come tornando in se stesso).*
Ah! sei tu … Ti ravviso: il duol finora
Tutti i sensi m'oppresse. A che venisti?
In sì fiero momento,
Che vuoi da me?

AMORE. Farti felice. Assai
Per gloria mia soffristi, Orfeo. Ti rendo
Euridice, il tuo ben. Di tua costanza
Maggior prova non chiedo. Ecco: risorge
A riunirsi con te. *(Si alza Euridice, come svegliandosi da un profondo sonno.)*

ORFEO. Che veggo! oh Numi!
Sposa … *(Con sorpresa, e corre ad abbracciare Euridice.)*

EURIDICE. Consorte!

ORFEO. E pur t'abbraccio!

EURIDICE. E pure
Al sen ti stringo!

ORFEO *(ad Amore).* Ah! quale
Riconoscenza mia …

AMORE. Basta: venite

II. Szene

Amor und die Vorigen.

AMOR. Orpheus! was tust du da? *(Er entwaffnet ihn.)*
ORPHEUS *(heftig und außer sich).*
Und wer bist du, der es wagt,
meiner äußersten Wut
Einhalt zu gebieten?
AMOR. Besänftige diese Wut,
lege sie ab, und erkenne Amor.
ORPHEUS *(der seine Fassung zurückgewinnt).*
Ach! du bist es … Ich erkenne dich: Der Schmerz hat
mir bis jetzt den Verstand geraubt.
Weshalb bist du gekommen?
Was willst du in einem so grausamen Augenblick von mir?
AMOR. Dich glücklich machen. Lang genug,
Orpheus, hast du für meinen Ruhm gelitten. Ich gebe dir
Eurydike, deine Geliebte, zurück. Von deiner Treue
verlange ich keinen größeren Beweis. Sieh: Sie steht
wieder auf, um sich mit dir zu vereinen. *(Eurydike erhebt sich, als erwachte sie aus einem tiefen Schlaf.)*
ORPHEUS. Was seh ich! o Götter!
Gattin … *(Erstaunt; er eilt, Eurydike zu umarmen.)*
EURYDIKE. Geliebter Gatte!
ORPHEUS. Endlich kann ich dich umarmen!
EURYDIKE. Und ich
drücke dich an meine Brust!
ORPHEUS *(zu Amor).* Ach! wie groß ist
meine Dankbarkeit …
AMOR. Genug: Kommt,

Avventurosi amanti, usciamo al mondo,
Ritornate a godere.

ORFEO. Oh! fausto giorno!
Oh! Amor pietoso!

EURIDICE. Oh lieto
Fortunato momento!

AMORE. Compensa mille pene un mio contento. *(Partono.)*

Scena III. e ultima

Magnifico Tempio dedicato ad Amore.
Amore, Orfeo, ed Euridice.
Preceduti da numeroso drappello di Pastori e Pastorelle, che vengono a festeggiare il ritorno di Euridice, e cominciando un allegro ballo, s'interrompe da Orfeo, che intuona il seguente Coro.

[Quarto] Ballo
Coro

ORFEO. Trionfi Amore,
E il mondo intiero
Serva all'impero
Della beltà.

Di sua catena
Tal volta amara
Mai fù più cara
La libertà.

ihr heldenhaft Liebenden, lasst uns auf die Erde treten, kehrt zurück und freut euch.

ORPHEUS. O glücklicher Tag!
O gnädiger Amor!

EURYDIKE. O glückseliger
Augenblick!

AMOR. Eine einzige Gunst von mir wiegt tausend Schmerzen auf. *(Sie gehen ab.)*

III. und letzte Szene

Prächtiger Amortempel.
Amor, Orpheus und Eurydike.
Eine große Schar Hirten und Hirtinnen geht ihnen voran, um Eurydikes Rückkehr zu feiern, und sie beginnen einen Freudentanz, der von Orpheus mit dem folgenden Chor unterbrochen wird.

[Viertes] Ballett

Chor

ORPHEUS. Amor möge triumphieren,
und die ganze Welt
soll der Herrschaft
der Schönheit huldigen.

Seine Ketten
sind manchmal bitter,
doch teurer
als die Freiheit es je sein könnte.

CORO. Trionfi Amore
E il mondo intiero
Serva all'impero
Della beltà.

AMORE. Talor dispera
Talvolta affanna
D'una tiranna
La crudeltà.

Ma poi la pena
Oblia l'amante
Nel dolce istante
Della pietà.

CORO. Trionfi Amore
E il mondo intiero
Serva all'impero
Della beltà.

EURIDICE. La gelosia
Strugge e divora;
Ma poi ristora
La fedeltà.

E quel sospetto,
Che il cor tormenta
Alfin diventa
Felicità.

CHOR. Amor möge triumphieren,
und die ganze Welt
soll der Herrschaft
der Schönheit huldigen.

AMOR. Bisweilen bringt
die Grausamkeit einer Tyrannin
Verzweiflung,
manchmal bereitet sie Qualen.

Aber dann
vergisst der Liebende den Schmerz
im süßen Moment
der Gnade.

CHOR. Amor möge triumphieren,
und die ganze Welt
soll der Herrschaft
der Schönheit huldigen.

EURYDIKE. Die Eifersucht
verzehrt und zerfleischt,
aber dann erstarkt man wieder
durch die Treue.

Und jener Zweifel,
der das Herz quält,
verkehrt sich endlich
in Glück.

CORO. Trionfi Amore
E il mondo intiero
Serva all'impero
Della beltà.

Fine.

CHOR. Amor möge triumphieren,
und die ganze Welt
soll der Herrschaft
der Schönheit huldigen.

Ende.

Anmerkungen

1 Das Motto stammt aus Vergils *Georgica*, IV. Buch, Vers 465–466.

2 Der griechischen Mythologie zufolge der Fluss des Wehklagens (in der Unterwelt).

3 Die Abkürzung bedeutet »Maestà Loro Imperiali e Reali«, das sind Franz Stephan von Lothringen, Kaiser des Heiligen Römischen Reichs Deutscher Nation, und seine Gattin Maria Theresia.

4 Der griechischen Mythologie zufolge derjenige Teil der Unterwelt, wo Glückseligkeit herrscht.

5 Gemeint sind wohl die Verse 304–335.

6 Partitur: »duolo« (Kummer). Christoph Willibald Gluck, *Orfeo ed Euridice / Orpheus und Eurydike (Wiener Fassung von 1762). Azione teatrale per musica in drei Akten von Ranieri de' Calzabigi*, hrsg. von Anna Amalie Abert und Ludwig Finscher (Christoph Willibald Gluck, *Sämtliche Werke*, Abteilung I: Musikdramen, Bd. 1), Kassel 1963. Als Hauptquelle dient eine 1764 in Paris erschienene, von Gluck korrigierte Druckausgabe.

7 Der Librettist Ranieri de' Calzabigi hatte das erste Ballett offenbar erst für diese Stelle vorgesehen; bei Gluck folgt ein zweiter Tanz.

8 Partitur: »idol«.

9 Es ist die Nymphe Echo gemeint, die, der griechischen Mythologie zufolge, unglücklich in Narzissos verliebt war. Nach ihr ist das akustische Phänomen benannt.

10 Partitur: »In«.

11 Der griechischen Mythologie zufolge einer der fünf Flüsse der Unterwelt.

12 Der griechischen Mythologie zufolge der Eingang in die Unterwelt.

13 Partitur: »pallido« (Singular).

14 Der griechischen Mythologie zufolge der Fluss des Vergessens (in der Unterwelt).

15 Partitur: »dagli«.

16 Der griechischen Mythologie zufolge der Fluss der Unterwelt, der diese vom Reich der Lebenden trennt.

17 Partitur: »se« (wenn).
18 Partitur: »Non sai« (Weißt du nicht).
19 Partitur: »smarriti« (verloren).
20 Partitur: »per l'armonia« (für den Klang).
21 Der griechischen Mythologie zufolge Teil der Unterwelt (Ort der Finsternis).
22 Der griechischen Mythologie zufolge holte Herakles den Kerberos aus der Unterwelt.
23 Der griechischen Mythologie zufolge versuchte Peirithoos gemeinsam mit Theseus, Persephone aus der Unterwelt zu entführen.
24 Der griechischen Mythologie zufolge Rachegöttinnen der Unterwelt.
25 Der griechischen Mythologie zufolge der Höllenhund, der den Eingang in die Unterwelt bewacht.
26 Partitur: »Segue il Ballo« (Es folgt der Tanz).
27 Partitur: »giovane«.
28 Partitur: »su i«.
29 Partitur: »del«.
30 Partitur: »non«.
31 Partitur: »parte ei sarà?«
32 Partitur: »grand'«.
33 Partitur: »O deliro?« (Oder täuschen mich die Sinne?)
34 In der Partitur sind hier zwei (metrisch inkorrekte) Fragen der Euridice eingeschoben: »Tu vivi? Io vivo?« (Du lebst? Ich lebe?)
35 Partitur: »Sarà ver?«
36 Der Vers ist metrisch inkorrekt; richtig wäre der Elfsilbler »Aspettarmi io dovea gli amplessi e i baci!« So auch in der Partitur.
37 Partitur: »ch'hai«.
38 Partitur: »fra l'anguiscia«.
39 Partitur: »Ah« (Ach).
40 Partitur: »Ah« (Ach).
41 Partitur: »già sono insù la via!« (ich bin schon auf dem Weg!)
42 Partitur: »Nò« (Nein).
43 Partitur: »Lete« (Lethe).

Orphée et Euridice / Orpheus und Eurydike

ORPHÉE

ET

EURIDICE,

DRAME-HÉROÏQUE[1]

EN TROIS ACTES,

REPRÉSENTÉ,

POUR LA PREMIÈRE FOIS,

PAR L'ACADEMIE-ROYALE

DE MUSIQUE,

le Mardi 2 Août 1774

PRIX XXX. SOLS.

AUX DÉPENS DE L'ACADÉMIE.

A PARIS, Chés DELORMEL, Imprimeur de ladite Académie, rue du Foin, à l'Image Sainte Genevieve.

On trouvera des Exemplaires du Poeme à la Salle de l'Opera.

M.DCC.LXXIV.

AVEC APPROBATION ET PRIVILEGE DU ROI.

La Traduction de ce Poeme est de M. MOLINE.

La Musique est de M. le Chevalier GLUCK.

ORPHEUS

UND

EURYDIKE,

HEROISCHES DRAMA

IN DREI AKTEN,

ERSTMALS

AUFGEFÜHRT

DURCH DIE KÖNIGLICHE AKADEMIE

DER MUSIK

am Dienstag, den 2. August 1774

PREIS: XXX. SOUS.

GEDRUCKT AUF KOSTEN DER AKADEMIE.

IN PARIS, bei DELORMEL, Drucker der besagten Akademie, rue du Foin, beim Bilde der Hl. Genoveva.

Das Textbuch ist im Opernhaus erhältlich.

MDCCLXXIV.

MIT GENEHMIGUNG UND PRIVILEG DES KÖNIGS.

Die Übersetzung der Dichtung ist von [Pierre-Louis] Moline.
Die Musik ist von [Christoph Willibald] Ritter von Gluck.

Argument

Te dulcis conjux, te solo in littore secum,
Te veniente die, te discedente canebat.

Virg. Georg. Liv. IV.[2]

La Fable d'Orphée & d'Euridice est assez connue, pour ne pas entrer dans un long détail à cet objet.

Les Poëtes nous ont appris qu'Euridice mourut dans les campagnes de Thrace, de la morsure d'un serpent, quelques jours après son mariage avec Orphée.

Pour conserver l'unité de lieu dans ce Poëme, on suppose que son tombeau est placé dans une campagne voisine du lac d'Averne[3], qui conduit à l'entrée des Enfers. Les Dieux touchés du désespoir d'Orphée, lui permettent de pénétrer dans les Champs Elisées pour en retirer Euridice, à condition qu'il ne la regardera point qu'il ne soit de retour sur la terre. Orphée, avant de sortir des enfers, pressé par la violence de son amour, oublie la loi qui lui est imposée, & donne la mort à Euridice, en osant la regarder. Pour adapter cette fable à notre scène, on a été obligé de changer la catastrophe, & d'y ajouter l'épisode de l'Amour qui réunit ces epoux. Ovide rapporte ce sujet dans le dixieme Livre de ses métamorphoses, & Virgile en fait mention dans le quatrieme Chant de ses Géorgiques, & dans le sixieme de son Eneïde.[4]

M. Calzabigi est l'Auteur du Poëme Italien. On a suivi aussi littéralement qu'il étoit possible l'original dans la traduction: ce foible ouvrage semble exiger plus d'indulgence qu'aucun autre, par l'extrême difficulté d'adapter la Poësie

Handlung

Dich, holde Gattin, dich besang er ganz allein am Ufer,
dich besang er morgens, dich besang er abends.

Vergil, *Georgica*, IV. Buch

Die Geschichte von Orpheus und Eurydike ist so bekannt, dass sich lange und detaillierte Ausführungen erübrigen.

Die Dichter haben uns gelehrt, dass Eurydike in den Feldern Thrakiens wenige Tage nach ihrer Hochzeit mit Orpheus an einem Schlangenbiss starb.

Um in der vorliegenden Dichtung die Einheit des Ortes zu wahren, nehmen wir an, dass ihr Grab sich in einer Gegend in der Nähe des Averner Sees befindet, welcher zum Eingang in die Unterwelt führt. Die Götter, gerührt durch Orpheus' Verzweiflung, gestatten ihm, in die Elysischen Felder vorzudringen, um Eurydike von dort zurückzuholen, und zwar unter der Bedingung, sie nicht anzusehen, bevor er auf die Erde zurückgekehrt wäre. Doch bevor er die Unterwelt verlassen hat, lässt die Heftigkeit seiner Liebe Orpheus die ihm auferlegte Regel vergessen, und er tötet Eurydike, indem er es wagt, sie anzusehen. Um diese Geschichte an die Erfordernisse unserer Bühne anzupassen, war es notwendig, die Katastrophe abzuwenden und den Auftritt Amors hinzuzufügen, der die Gatten wieder vereint. Ovid berichtet darüber im zehnten Buch der *Metamorphosen*; Vergil spielt im vierten Gesang der *Georgica* und im sechsten der *Äneis* darauf an.

[Ranieri de'] Calzabigi ist der Autor der italienischen Dichtung. Wir haben den Wortlaut des Originals in der

Française à la Musique expressive d'un Opéra, qui a déjà été représenté avec succès sur les principaux théâtres de l'Europe.[5]

Acteurs et Actrices chantant dans les chœurs

Côté du Roi

Mesdemoiselles.	Messieurs.
Garrus.	Cailteau.
la Guerre.	Héri.
de Laurette.	Lagier.
Fontenet.	Van-Hecke.
d'Hautrive.	Martin.
Veron.	le Grand.
Renard.	Hallmans.
Rouxelin.	Boi.
du Fresnoi.	Huet.
de Ponjot.	Itasse.
	Parant, c.
	Jouve.
	Patoulet.

Übersetzung so weit als möglich beibehalten: Unser schwaches Werk hat wegen der außerordentlichen Schwierigkeit, die französischen Verse an die ausdrucksvolle Musik einer Oper anzupassen, die auf den wichtigsten Theatern Europas bereits erfolgreich aufgeführt worden ist, mehr Nachsicht nötig als jedes andere.

Chorsänger und Chorsängerinnen

Königsseite

Damen.	Herren.
Garrus.	Cailteau.
la Guerre.	Héri.
de Laurette.	Lagier.
Fontenet.	Van-Hecke.
d'Hautrive.	Martin.
Veron.	le Grand.
Renard.	Hallmans.
Rouxelin.	Boi.
du Fresnoi.	Huet.
de Ponjot.	Itasse
	Parant d. J.
	Jouve.
	Patoulet.

Côté de la Reine

Mesdemoiselles.	Messieurs.
le Bourgeois.	Candeille.
d'Agée.	Vatelin.
Chenais.	l'Écuyer.
de l'Or.	Tourcati.
des Rosières.	Ghuiot.
de Merei.	Capoi.
Denis, l.	Moreau.
Déjardins.	Méon.
Thaunat.	Beghaim.
St. Lavau.	Cleret.
	Tacusset.
	Baillon.
	de Lori.
	Fagnan.

Acteurs

ORPHÉE, M. le Gros.
EURIDICE, Mlle. Arnoud.
L'AMOUR, Mlle. Rosalie.
SUITE D'ORPHÉE,
NYMPHES DE LA SUITE D'EURIDICE.
TROUPE DE BERGERS ET DE BERGERES.
TROUPE DE DÉMONS ET DE SPECTRES.
FURIES.
OMBRES DES CHAMPS ÉLISÉES.
TROUPE DE HÉROS ET D'HÉROINES.
SUITE DE L'AMOUR.

Königinnenseite

Damen.	Herren.
le Bourgeois.	Candeille.
d'Agée.	Vatelin.
Chenais.	l'Écuyer.
de l'Or.	Tourcati.
des Rosières.	Ghuiot.
de Merei.	Capoi.
Denis d. Ä.	Moreau.
Déjardins.	Méon.
Thaunat.	Beghaim.
St. Lavau.	Cleret.
	Tacusset.
	Baillon.
	de Lori.
	Fagnan.

Handelnde

ORPHEUS, [Joseph] Legros, [Tenor].
EURIDICE, [Magdeleine Sophie] Arnou[l]d, [Sopran].
AMOR, Rosalie [Levasseur], [Sopran].
GEFOLGSLEUTE DES ORPHEUS,
NYMPHEN AUS DEM GEFOLGE DER EURYDIKE.
GRUPPE VON HIRTEN UND HIRTINNEN.
GRUPPE VON DÄMONEN UND GEISTERN.
FURIEN.
SCHATTEN DER ELYSISCHEN FELDER.
GRUPPE VON HELDEN UND HELDINNEN.
GEFOLGE DES AMOR.

Personnages dansants

Acte premier

BERGERS ET BERGERES
Mlles. le Clerc, Richer.
Mrs. Giroux, Simonin.
Mlles. du Mont, Lolotte, Adrienne, Regnard, Esther, Fanfan, du Holan, Gruvel.
Mrs. la Rue, le Roi, 2., Giguet, Hennequin, c., Dussel, Barré, Fontaine, l'Argillière.

Acte second

EUMÉNIDES.
Mrs. Leger, Rivet, Helms.
L'ENVIE, M. Malter.
LE DÉSESPOIR, M. Le Fevre.
LA HAÎNE, M. Fontaine.
LA JALOUSIE, Mlle. Compain.
LA VENGEANCE, M. du Chaisne.
LE POISON, Mlle. Vernier.
DÉMONS.
M. Gardel.
Mrs. Trupti, Henri, le Roi, 1., Aubri, Liesse, Pladix, Roissi, du Pré, Guillet, Petit, des Bordes, de Laval, le Bel, Caster, le Roi, 2., la Rue, Dussel, Barré.
OMBRES HEUREUSES.
M. Vestris.
Mlle. Guimard.
Mlle. Heinel.

Tanzende Personen

Erster Akt

HIRTEN UND HIRTINNEN.
Mesdemoiselles le Clerc und Richer.
Messieurs Giroux und Simonin.
Mesdemoiselles du Mont, Lolotte, Adrienne, Regnard, Esther, Fanfan, du Holan und Gruvel.
Messieurs la Rue, le Roi d. J., Giguet, Hennequin d. J., Dussel, Barré, Fontaine, l'Argillière.

Zweiter Akt

EUMENIDEN.
Messieurs Leger, Rivet und Helms.
DER NEID, Monsieur Malter.
DIE VERZWEIFLUNG, Monsieur le Fevre.
DER HASS, Monsieur Fontaine.
DIE EIFERSUCHT, Mademoiselle Compain.
DIE RACHE, Monsieur du Chaisne.
DAS GIFT, Mademoiselle Vernier.
DÄMONEN.
Monsieur Gardel.
Messieurs Trupti, Henri, le Roi d. Ä., Aubri, Liesse, Pladix, Roissi, du Pré, Guillet, Petit, des Bordes, de Laval, le Bel, Caster, le Roi d. J., la Rue, Dussel, Barré.
GLÜCKSELIGE SCHATTEN.
Monsieur Vestris.
Mademoiselle Guimard.
Mademoiselle Heinel.

Mlles. d'Elfevre, la Fond, Julie, Cléophile.
Mrs. Dossion, Simonin, Hennequin, l., le Doux, Huart, Giroux, Dangui, le Breton.
Mlles. du Bois, Thevenet, Rozé, Martin, Perolle, Fanfan, St. Ouin, Henriette, du Mesnil, Felmé, Deshaies, Jonveau, du Mont, du Parc, Villette, Durville.

Acte troisième

SUITE DE L'AMOUR.
M. Vestris.
M. Gardel, l.
Mlle Heinel.
M. Gardel, c., Mlle. Dorival.
M. le Fevre.
Mlles. d'Elfevre, la Fond, Julie, Cléophile.
Mrs. Huart, Aubri, du Chaisne, Helms, Doffion, Simonin, Giroux, Barré, le Doux, Hennequin, l., le Breton, Petit.
Mlles. du Bois, Thevenet, Rozé, Lallin, Martin, Jonveau, St. Ouin, du Mont, du Mesnil, Perolle, Deshai[es]

Mesdemoiselles d'Elfevre, la Fond, Julie, Cléophile.
Messieurs Dossion, Simonin, Hennequin d. Ä., le Doux, Huart, Giroux, Dangui, le Breton.
Mesdemoiselles du Bois, Thevenet, Rozé, Martin, Perolle, Fanfan, St. Ouin, Henriette, du Mesnil, Felmé, Deshaies, Jonveau, du Mont, du Parc, Villette, Durville.

Dritter Akt

GEFOLGE DES AMOR.

Monsieur Vestris.
Monsieur Gardel d. Ä.
Mademoiselle Heinel.
Monsieur Gardel d. J. und Mademoiselle Dorival.
Monsieur le Fevre.
Mesdemoiselles d'Elfevre, la Fond, Julie, Cléophile.
Messieurs Huart, Aubri, du Chaisne, Helms, Doffion, Simonin, Giroux, Barré, le Doux, Hennequin d. Ä., le Breton, Petit.
Mesdemoiselles du Bois, Thevenet, Rozé, Lallin, Martin, Jonveau, St. Ouin, du Mont, du Mesnil, Perolle, Deshaies

Orphée et Euridice,
Drame-héroïque

Acte premier

Le théâtre représente un bosquet agréable, mais solitaire, où on découvre le tombeau d'Euridice, au milieu d'une allée de cyprès & de lauriers. La scêne est occupée par une troupe de Bergers & de Bergeres, & de Nymphes de la suite d'Orphée & d'Euridice. Les uns portent des guirlandes de myrthe, & des vases antiques dont on se servoit dans les cérémonies funébres; & les autres sont occupés à répandre des parfums, & à couvrir de fleurs le tombeau sur lequel l'Hymen est appuyé, ayant son flambeau éteint.
Orphée est assis sur un côté du théâtre, contre un arbre, où il a suspendu son casque & sa lyre; entiérement livré à sa douleur, il ne fait que répéter à tout moment le nom d'Euridice.

Scêne première

Orphée, Troupe de Bergers & de Bergeres.
Nymphes de la Suite d'Euridice.

Chœur

Chœur de la Suite d'Orphée, avec le Ballet des Nymphes.

LE CHŒUR. Ah! dans ce bois tranquile & sombre,
Euridice! si ton ombre
Nous entend,

Orpheus und Eurydike, Heroisches Drama

Erster Akt

Das Theater stellt einen lieblichen, aber einsamen Hain dar, wo man inmitten einer Zypressen- und Lorbeerallee das Grabmal Eurydikes erkennt. Auf der Bühne befindet sich eine Gruppe von Hirten und Hirtinnen, sowie von Nymphen aus dem Gefolge von Orpheus und Eurydike. Die einen tragen Myrtengirlanden und antike Gefäße, wie man sie bei Totenfeiern benutzte; die anderen sind dabei, Düfte zu verbreiten und das Grabmal, auf welches sich mit ausgelöschter Fackel Hymenaios stützt, mit Blumen zu bedecken.
Orpheus sitzt auf einer Seite der Bühne gegen einen Baum gelehnt, an den er Helm und Lyra gehängt hat; er ist ganz seinem Schmerz ausgeliefert und wiederholt nur immerzu den Namen Eurydikes.

Erste Szene

Orpheus, Gruppe von Hirten und Hirtinnen.
Nymphen aus dem Gefolge Eurydikes.

Chor

Chor der Gefolgsleute des Orpheus, mit dem Ballett der Nymphen.

CHOR. Ach! falls in diesem ruhigen, düsteren Wald,
Eurydike! dein Schatten
uns hört,

Sois sensible à nos allarmes,
Vois nos peines, vois les larmes
Que pour toi l'on répand!
Ah! prends pitié du malheureux Orphée!
Il soûpire, il gémit, il plaint sa destinée;
L'amoureuse tourterelle,
Toujours tendre, toujours fidelle,
Ainsi soûpire & meurt
De douleur.

(Ballet-Pantomime des Nymphes & des Bergers.)[6]

[Récitatif]

ORPHÉE *(à sa Suite).*

Vos plaintes, vos regrets, augmentent mon supplice!
Aux mânes sacrés d'Euridice
Rendez les suprêmes honneurs,
Et couvrez son tombeau de fleurs.

Pantomime

Chœur

LE CHŒUR. Ah! dans ce bois tranquile & sombre,
Euridice! si ton ombre
Nous entend,
Sois sensible à nos allarmes;
Vois nos peines, vois les larmes
Que pour toi l'on répand!

[Récitatif]

ORPHÉE *(à sa Suite).*

Éloignez-vous: ce lieu convient à mes malheurs,
Laissez-moi sans témoins y répandre des pleurs.

(La Suite d'Orphée se retire avec les Nymphes, & ils se dispersent dans le bois.)

Ritournelle

so empfinde unsere Erregung mit,
sieh unser Leid, sieh die Tränen,
die wir für dich vergießen!
Ach! hab' Mitleid mit dem armen Orpheus!
Er seufzt, er stöhnt, er beklagt sein Schicksal;
das verliebte Täubchen,
immer zärtlich, immer treu,
seufzt so und stirbt
vor Schmerz.

(Pantomimisches Ballett der Nymphen und Hirten.)

[Rezitativ]

ORPHEUS *(zu seinem Gefolge).*
Eure Klagen und eure Trauer verschlimmern meine Qual!
Erweist den heiligen Manen Eurydikes
die höchsten Ehren,
und bedeckt ihr Grabmal mit Blumen.

Pantomime

Chor

CHOR. Ach! falls in diesem ruhigen, düsteren Wald,
Eurydike! dein Schatten
uns hört,
so empfinde unsere Erregung mit,
sieh unser Leid, sieh die Tränen,
die wir für dich vergießen!

[Rezitativ]

ORPHEUS *(zu seinem Gefolge).*
Entfernt euch: Dieser Ort passt zu meinem Leid,
Lasst mich hier ohne Zeugen meine Tränen vergießen.

(Orpheus' Gefolge zieht sich mit den Nymphen zurück; sie verteilen sich im Wald.)

Ritornell

Scène II

ORPHÉE *(seul).*

[Air]

Premier Air[7]

Objet de mon amour!
Je te demande au jour
Avant l'aurore;
Et quand le jour s'enfuit,
Ma voix pendant la nuit
T'appelle encore!

[Récitatif]

Euridice! ombre chere! ah! dans quels lieux ès-tu!
Ton époux gémissant, interdit, éperdu,
Te demande sans cesse à la nature entiere:
Les vents, hélas! emportent sa priere.

[Air]

Deuxieme Air

Accablé de regrèts
Je parcours des forêts
La vaste enceinte:
Touché de mon destin
Echo[8] répete envain
Ma triste plainte.

[Récitatif]

Euridice! de ce doux nom
Tout retentit, ces bois, ces rochers, ce vallon;
Sur ces troncs dépouillés, sur l'écorce naissante
On lit ces mots gravés par une main tremblante:

Szene II

ORPHEUS *(allein)*.

[Air]

Erstes Air

Geliebte!
Ich rufe dich ans Licht
vor Sonnenaufgang;
und wenn der Tag sich neigt,
ruft meine Stimme dich
noch nachts!

[Rezitativ]

Eurydike! geliebter Schatten! ach! wo bist du!
Dein seufzender, sprachloser, bestürzter Gatte
fragt unablässig in aller Natur nach dir:
Die Winde, ach! tragen sein Bitten mit sich fort.

[Air]

Zweites Air

Bedrückt von Trauer
Durchstreife ich der Wälder
weites Rund:
Gerührt von meinem Schicksal
wiederholt Echo vergebens
meine traurige Klage.

[Rezitativ]

Eurydike! von diesem süßen Namen
hallt alles wider, Wälder, Felsen und Tal;
auf diesen kahlen Stämmen, auf der frischen Rinde
liest man folgende Worte, eingeritzt mit zitternder
Hand:

EURIDICE N'EST PLUS, & JE RESPIRE ENCOR;
DIEUX RENDEZ-LUI LA VIE OU DONNEZ-MOI
LA MORT.

[Air]

Troisieme Air

Plein de trouble & d'effroi,
Que de maux loin de toi
Mon cœur endure!
Témoin de mes malheurs,
Sensible à mes douleurs,
L'onde murmure.

[Récitatif]

Divinités de l'Achéron[9],
Ministres redoutés de l'empire des Ombres
Vous, qui dans les demeures sombres
Faites exécuter les arrêts de Pluton[10];
Vous que n'attendrit point la beauté, la jeunesse,
Vous m'avez enlevé l'objet de ma tendresse …
(O crüel souvenir!)
Eh! quoi, les graces de son âge,
Du sort le plus affreux n'ont pû la garantir?
Implacables tirans! je veux vous la ravir!
Je saurai pénétrer jusqu'au sombre rivage;
Mes accents douloureux fléchiront vos rigueurs,
Je me sens assez de courage
Pour braver toutes vos fureurs.

EURYDIKE IST NICHT MEHR, UND ICH ATME NOCH;
GÖTTER, GEBT IHR DAS LEBEN ZURÜCK ODER
GEWÄHRT MIR DEN TOD.

[Air]

Drittes Air

Verwirrt und voller Schrecken
erduldet fern von dir
mein Herz nur Schlimmes!
Zeuge meiner Leiden
ist das Wasser
und murmelt mitleidig.

[Rezitativ]

Götter des Acheron,
gefürchtete Diener des Schattenreiches;
ihr, die ihr in den düsteren Gefilden
die Befehle des Pluton ausführen lasst;
ihr, die ihr euch weder von Schönheit noch von Jugend
erweichen lasst, ihr habt mir die genommen, die ich
zärtlich liebe … (O grausame Erinnerung!)
Wie! die Anmut ihrer Jugend konnte sie
vor dem fürchterlichsten Schicksal nicht bewahren?
Unbeugsame Tyrannen! ich will sie euch entreißen!
Ich werde bis zum düsteren Ufer vorzudringen wissen;
meine schmerzvollen Töne werden euch beugen,
ich habe genug Mut,
mich eurem Wüten entgegenzustellen.

Scène III

Orphée, l'Amour.

[Récitatif]

L'AMOUR. L'Amour vient au secours de l'amant le plus tendre.
Rassure-toi: les Dieux sont touchés de ton sort;
Dans les enfers tu peux descendre;
Va trouver Euridice au séjour de la mort.

Air [et Récitatif]

Air

Si les doux accords de ta lyre;
Si tes accents mélodieux
Appaisent la fureur des tirans de ces lieux:
Tu la raméneras du ténébreux empire.

ORPHÉE. Dieux! je la reverrois!
L'AMOUR. Oui, mais pour l'obtenir,
Il faut te résoudre à remplir
L'ordre que je vais te prescrire.
ORPHÉE. Eh! qui pourroit me retenir!
À tout mon ame est préparée.
L'AMOUR. Apprends la volonté des Dieux:
Sur cette épouse adorée,
Garde-toi de porter un regard curieux,
Ou de toi pour jamais tu la vois séparée.
Tels sont de Jupiter les suprêmes décrets,
Rends-toi digne de ses bienfaits.

Szene III

Orpheus, Amor.

[Rezitativ]

AMOR. Amor kommt dem allerzärtlichsten Liebenden zu Hilfe.
Sei unbesorgt: Die Götter sind von deinem Schicksal gerührt; du kannst in die Unterwelt hinabsteigen. Geh und finde Eurydike im Totenreich!

Air [und Rezitativ]

Air

Wenn die süßen Klänge deiner Lyra,
wenn deine Melodien
die Wut der Tyrannen dieses Ortes besänftigen,
dann wirst du Eurydike aus dem Schattenreich zurückholen.

ORPHEUS. Götter! ich könnte sie wiedersehen!
AMOR. Ja, aber um sie zu erhalten,
musst du dich entschließen,
den Befehl zu erfüllen, den ich dir geben werde.
ORPHEUS. Nun, wer könnte mich zurückhalten!
Ich bin zu allem bereit.
AMOR. Höre den Willen der Götter:
Hüte dich davor, auf die angebetete Gattin
einen neugierigen Blick zu werfen,
oder sie wird für immer von dir getrennt sein.
Das sind die höchsten Weisungen des Zeus,
erweise dich seiner Wohltaten würdig.

Air

Air

Soûmis au silence
Contrains ton désir,
Fais-toi violence;
Bientôt à ce prix tes tourmens vont finir.
Tu sçais qu'un amant
Discret & fidele,
Timide[11] & tremblant
Auprès de sa belle,
En est plus touchant.
(Il s'éloigne d'Orphée.)
Soûmis au silence
Contrains ton désir,
Fais-toi violence;
Bientôt à ce prix tes tourmens vont finir.

Scène IV

[Récitatif]

ORPHÉE *(seul).* Impitoyables Dieux! qu'exigez-vous de moi!
Comment puis-je obéir à votre injuste loi!
Quoi, j'entendrai sa voix touchante,
Je presserai sa main tremblante,
Sans que d'un seul regard … ô ciel! quelle rigueur!
Eh bien … j'obéirai! je saurai me contraindre.
Eh devrois-je encore me plaindre,
Lorsque j'obtiens des Dieux la plus grande faveur!
(Orphée prend sa lyre & met son casque.)

Air

Schweige,
bezwinge dein Verlangen
mit aller Gewalt.
um diesen Preis werden deine Martern bald enden.
Wie du weißt, ist ein
schweigsamer, treuer,
furchtsam zitternder Liebender
in den Augen seiner Schönen
umso rührender.
(Er entfernt sich von Orpheus.)
Schweige,
bezwinge dein Verlangen
mit aller Gewalt.
um diesen Preis werden deine Martern bald enden.

Szene IV

[Rezitativ]

ORPHEUS *(allein)*. Ungnädige Götter! was verlangt ihr von mir! Wie soll ich euer ungerechtes Gesetz befolgen! Wie, ich werde ihre rührende Stimme vernehmen, ich werde ihre zitternde Hand drücken, ohne einen einzigen Blick … Himmel! welche Härte! Nun gut … ich werde gehorchen! Ich werde mich zu beherrschen wissen. Sollte ich mich noch beklagen, wo mir doch die Götter die größte Gunst erweisen!

(Orpheus nimmt seine Lyra und setzt seinen Helm auf.)

Air

L'espoir renaît dans mon âme;
Pour l'objet qui m'enflâme,
L'Amour accroît ma flâme:
Je vais revoir ses appas.
L'enfer en vain nous sépare:
Les monstres du tartare[12]
Ne m'épouvantent pas!

(Après l'air, Orphée porte ses pas avec intrépidité vers le chemin qui conduit aux Enfers.)

Fin du premier acte.

Air

Meine Seele schöpft wieder Hoffnung;
für das Objekt meiner Begierde
schürt Amor mein Feuer:
Ich werde ihre Reize wiedersehen.
Die Unterwelt trennt uns vergebens:
Die Ungeheuer des Tartaros
Erschrecken mich nicht!

(Nach dem Air lenkt Orpheus seine Schritte furchtlos in Richtung des Wegs, der in die Unterwelt führt.)

Ende des ersten Akts.

Acte second

Le théâtre change, & représente l'entrée des enfers, d'où on voit sortir une épaisse fumée mêlée de flâmes.

Prélude *(derrière le théâtre)*

Orphée fait entendre les sons de sa lyre. Les Spectres & les Furies étonnés, troublent par leurs danses, ses accords, & cherchent à l'épouvanter.

Scène première

Troupe de Démons & de Furies.
Orphée.

Chœur et Air de Furies

Ballet des Furies.

CHŒUR DES DÉMONS. Quel est l'audacieux,
Qui dans ces sombres lieux
Ose porter ses pas,
Et devant le trépas
Ne frémit pas?

Que l'effroi[13], la terreur
S'emparent de son cœur,
À l'affreux hurlement
De Cerbere[14] écumant,
Et rugissant.

[Orphée et Chœur]

ORPHÉE *(s'approche des Démons en touchant sa lyre).*

Zweiter Akt

Die Bühne verwandelt sich und zeigt den Eingang der Unterwelt, aus welcher dichter Rauch und Flammen dringen.

Präludium *(hinter der Bühne)*

Orpheus lässt seine Lyra erklingen. Die erstaunten Geister und Furien stören mit ihren Tänzen seine Musik und versuchen ihn zu erschrecken.

Erste Szene

Gruppe von Dämonen und Furien.
Orpheus.

Chor und Air der Furien

Ballett der Furien.

CHOR DER DÄMONEN. Wer ist der Kühne,
der es wagt, seine Schritte
an diesen düsteren Ort zu lenken,
und der vor dem Tod
nicht zittert?

Abscheu und Schrecken
sollen sich seiner bemächtigen
beim furchtbaren Geheul
des schäumenden
und brüllenden Kerberos.

[Orpheus mit Chor]

ORPHEUS *(nähert sich den Dämonen und spielt dabei auf der Lyra).*

Laissez-vous toucher par mes pleurs,
Spectres, larves, ombres terribles.

LE CHŒUR. Non, non.

ORPHÉE. Soyés sensibles
À l'excès de mes malheurs.

Chœur

LE CHŒUR. Qui t'amene en ces lieux,
Mortel présomptueux?
C'est le séjour affreux,
Des remords dévorants,
Des gémissements
Et des tourmens.

[Air, *derrière le théâtre*]

ORPHÉE. Ah! la flâme qui me dévore,
Est cent fois plus cruelle encore:
L'enfer n'a point de tourments
Pareils à ceux que je ressens.

Chœur

CHŒUR DES DÉMONS *(attendris par le chant d'Orphée).*
Par quels puissants accords,
Dans le séjour des morts,
Malgré tous nos efforts,[15]
Il calme la fureur de nos transports!

(Les Spectres expriment par leurs gestes, leurs attendrissements.)

[Air, *derrière le théâtre*]

ORPHÉE. La tendresse,
Qui me presse,
Calmera votre fureur;
Oui, mes larmes,
Mes allarmes
Fléchiront votre rigueur.

Lasst euch durch meine Tränen erweichen,
Geister, Larven, abscheuliche Schatten.

CHOR. Nein, nein.

ORPHEUS. Habt Mitleid
angesichts meines so schweren Unglücks.

Chor

CHOR. Wer führt dich hierher,
überheblicher Sterblicher?
Hier ist der furchtbare Aufenthalt
der beißenden Vorwürfe,
des Stöhnens
und der Qualen.

[Air *(hinter der Bühne)*]

ORPHEUS. Ach! die Flamme, die mich verzehrt,
ist noch hundertfach grausamer:
Die Hölle kennt keine Qualen,
die den meinen gleichen.

Chor

CHOR DER DÄMONEN *(von Orpheus' Gesang besänftigt).*
Wie mächtig sind die Klänge,
mit denen er hier im Totenreich,
all unseren Anstrengungen zum Trotz,
unsere wilde Wut zähmt!

(Die Geister drücken durch Gesten ihre Rührung aus.)

[Air *(hinter der Bühne)*]

ORPHEUS. Die Zärtlichkeit,
die mich antreibt,
wird euren Zorn besänftigen;
ja, meinen Tränen
und meiner Erregung
werdet ihr euch beugen.

Chœur

CHŒUR DES DÉMONS. Quels accords ravissants!
Quels sons doux & touchants![16]
De si tendres accents
Ont su nous désarmer,
Et nous charmer.

CHŒUR DES DÉMONS *(qui environnent Orphée).*
Qu'il descende aux Enfers
Les chemins sont ouverts;
Tout cede à la douceur
De son art enchanteur
Il est vainqueur!

(Pendant le Chœur, les portes de l'enfer s'ouvrent: Orphée se fait un passage au milieu des Spectres enchantés par les sons de sa lyre. Il entre dans les enfers.

Air de Furies

Les Démons & les Furies terminent la Scène par un Ballet général, & ensuite se précipitent dans un gouffre.)

Scène II

Le théâtre change & représente les Champs Élisées.[17] On y voit des berceaux couverts de fleurs; des bosquets, des fontaines, & des tapis de verdure, sur lesquels se reposent les Ombres heureuses divisées en différents groupes.

Chor

CHOR DER DÄMONEN. Was für wunderbare Klänge!
Was für süße und bewegende Töne!
Solche zarte Musik
vermochte uns zu entwaffnen
und zu bezaubern.

CHOR DER DÄMONEN *(welche Orpheus umgeben).*
Er soll in die Unterwelt hinabsteigen,
der Weg steht offen;
alles weicht dem Wohlklang
seiner zauberhaften Kunst.
Er hat gesiegt!

(Während dieses Chores öffnen sich die Pforten zur Unterwelt: Orpheus geht mitten durch die Geister hindurch, die durch die Klänge seiner Lyra verzaubert worden sind. Er tritt in die Unterwelt ein.

Air der Furien

Die Szene schließt mit einem allgemeinen Ballett der Dämonen und Furien, die sich schließlich in einen Abgrund stürzen.)

Szene II

Die Bühne verwandelt sich und zeigt die Elysischen Felder. Man sieht blumengeschmückte Lauben; Haine, Quellen und grüne Matten, auf denen sich in Gruppen verteilt die Glückseligen Schatten ausruhen.

Ballet des Ombres heureuses
(Lent très doux – Même mouvement – Tempo I – Air)

Ballet des Ombres heureuses.

Euridice, Troupe d'Ombres heureuses. Troupe de Héros & d'Héroïnes.

EURIDICE *(voilée, suivie de plusieurs Ombres).*

[Air]

Air *(alternativement avec le Chœur, de la Suite d'Euridice)*

Cet asile
Aimable & tranquile,
Par le bonheur est habité;
C'est le riant séjour de la félicité.
Nul objet ici n'enflâme
L'ame;
Une douce ivresse
Laisse
Un calme heureux dans tout les sens;
Et la sombre tristesse
Cesse
Dans ces lieux innocens.

Cet asile, *& c.*

Danse des Héros et Héroïnes

Danse des Héros & Héroïnes.
(Euridice s'éloigne de la Scène, pendant le Ballet.)

Ballett der Glückseligen Schatten
(Lent très doux – Même mouvement – Tempo I – Air)

Ballet der Glückseligen Schatten.

Eurydike, Gruppe von Glückseligen Schatten. Gruppe von Helden und Heldinnen.

EURYDIKE *(verschleiert, mit mehreren Schatten im Gefolge).*

[Air]

Air *(im Wechsel mit dem Chor des Gefolges der Eurydike)*

An diesem schönen
und ruhigen Ort
wohnt das Glück;
hier ist die liebliche Heimat der Seligkeit.
Nichts entzündet hier
die Seele;
eine süße Trunkenheit
verbreitet
überall glückliche Ruhe.
Und die düstere Traurigkeit
hört auf
an diesem unschuldigen Ort.

An diesem schönen, *usw.*

Tanz der Helden und Heldinnen

Tanz der Helden und Heldinnen.
(Während des Balletts entfernt sich Eurydike von der Bühne.)

Scène III

Orphée, les Ombres heureuses.

[Récitatif]

ORPHÉE. Quel nouveau ciel pare ces lieux?
Un jour plus doux s'offre à mes yeux?
Quels sons harmonieux!
J'entends retentir ce bocage
Du ramage
Des oiseaux,
Du murmure des ruisseaux,
Et des soûpirs de Zéphire;[18]
On goûte en ce séjour un éternel repos:
Mais le calme qu'on y respire,
Ne sauroit adoucir mes maux.
Chere épouse, objet de ma flâme,
Toi seule y peux calmer le trouble de mon âme.
Tes accents
Tendres & touchants,
Tes regards séduisants,
Ton doux soûrire,
Sont les seuls biens que je désire.

Chœur

DEUX OMBRES avec le CHŒUR.[19]
Viens dans ce séjour paisible,
Époux tendre, amant sensible;
Viens bannir tes justes regrets:
Euridice va paroître,[20]
Euridice va renaître
Avec de nouveaux attraits.

Szene III

Orpheus, die Glückseligen Schatten.

[Rezitativ]

ORPHEUS. Wie anders ist der Himmel über diesen
Gefilden? Meine Augen blicken in ein milderes Licht?
Welch ein Wohlklang!
Ich höre wie dieses Gehölz
vom Vogelgezwitscher
widerhallt,
vom Murmeln der Bächlein
und vom Säuseln des Zephyros;
hier genießt man ewige Ruhe:
Aber die Stille, die man hier atmet,
wird meine Schmerzen nicht lindern können.
Teure Gattin, für die ich brenne,
du allein kannst meine Seele beruhigen.
Deine zarte und
berührende Stimme,
deine verführerischen Blicke,
und dein süßes Lächeln,
das ist alles, wonach ich mich sehne.

Chor

ZWEI SCHATTEN mit dem CHOR.
Komm an diesen friedlichen Ort,
zärtlicher Gatte, gefühlvoll Liebender;
Komm und lege deine wohlbegründete Schwermut ab:
Eurydike wird erscheinen,
Eurydike wird wieder leben
mit erneuerten Reizen.

(Lent)

[Orphée et Chœur]

ORPHÉE. O vous, ombres que j'implore,
Hâtez-vous de la rendre à mes empressements?
Ah! Si vous ressentiez le feu qui me dévore,
Je jouïrois déjà de ses embrassements;
Offrez à mes regards[21] la beauté que j'adore;
Hâtez-vous de me rendre heureux.

LES OMBRES. Le destin répond à tes vœux.

Scène IV

Les Ombres, Orphée, Euridice, voilée, dans l'eloignement.

Danse des Ombres.[22]

Chœur

CHŒUR DES OMBRES *(à Euridice).*
Près du tendre objet qu'on aime,
On jouit du bien suprême:
Goûtes le sort le plus doux,
Va renaître pour Orphée;
On retrouve l'Élisée
Auprès d'un si tendre Époux.

Ballet général des Ombres heureuses qui ramenent Orphée & Euridice.

Fin du second acte.

(Lent)

[Orpheus mit Chor]

ORPHEUS. O ihr Schatten, ich flehe euch an,
beeilt euch und bringt sie mir schnell zurück!
Ach! fühltet ihr das Feuer, das mich verzehrt,
erfreute ich mich schon ihrer Umarmungen;
Zeigt mir die Schönheit, die ich anbete;
beeilt euch, mich glücklich zu machen.

DIE SCHATTEN. Das Schicksal erhört deine Wünsche.

Szene IV

Die Schatten, Orpheus, Eurydike, verschleiert, und im Bühnenhintergrund.

Tanz der Schatten.

Chor

CHOR DER SCHATTEN *(zu Eurydike).*
Bei demjenigen, den man liebt,
erfreut man sich des höchsten Glücks:
Genieße das mildeste Schicksal,
lebe für Orpheus wieder auf;
Auch bei einem so zärtlichen Gatten
ist es wie im Elysium.

Allgemeines Ballett der Glückseligen Schatten, welche Orpheus und Eurydike geleiten.

Ende des zweiten Aktes.

Acte troisième

Le théâtre représente une caverne obscure & inhabitée, qui forme un labirinthe tortueux, par des sentiers entrecoupés, & qui conduit hors des enfers. On y voit des masses de rochers entassés & couverts de ronces & de plantes sauvages.
Orphée tenant Euridice par la main, sans la regarder, paroît dans l'éloignement, & s'avance d'un air inquiet & agité.

Scêne première

Orphée, Euridice.

[Récitatif]

ORPHÉE *(à Euridice, sans la voir, la tenant par la main).*
Viens, viens, Euridice, suis-moi;
Du plus constant amour objet unique & tendre!
EURIDICE. C'est toi …
Je te voi …
Ciel! devois-je m'attendre? …
ORPHÉE. Oui, tu vois ton époux; c'est moi, je vis encor,
Et je viens t'arracher au séjour de la mort.
Touché de mon ardeur fidelle,
Jupiter au jour te rappelle.

EURIDICE. Quoi, je vis, & pour toi?
Ah! grands dieux, quel bonheur!
ORPHÉE. Euridice, suis-moi …
Hâtons-nous de jouïr de la faveur céleste;

Dritter Akt

Die Bühne zeigt eine dunkle, unbewohnte Höhle, deren sich kreuzende Gänge ein verschlungenes Labyrinth bilden, und die aus der Unterwelt hinausführt. Man sieht darin von Dornen und Wildpflanzen überwucherte Felsblöcke.
Orpheus, der Eurydike, ohne sie anzusehen, an der Hand führt, erscheint im Hintergrund und nähert sich mit beunruhigter und bewegter Miene.

Erste Szene

Orpheus, Eurydike.

[Rezitativ]

ORPHEUS *(zu Eurydike, ohne sie anzusehen, sie an der Hand haltend).* Komm, komm, Eurydike, folge mir;
du einzige, du Zarte, Ziel der beständigsten Liebe!
EURYDIKE. Du bist es …
Ich sehe dich …
Himmel! Konnte ich ahnen, dass …?
ORPHEUS. Ja, du erblickst deinen Gatten; ich bin es, ich lebe noch,
und ich komme, dich dem Totenreich zu entreißen.
Gerührt von meiner leidenschaftlichen Treue,
ruft Zeus dich ans Licht zurück.
EURYDIKE. Wie, ich lebe, ich lebe für dich?
Ach! große Götter, welch ein Glück!
ORPHEUS. Eurydike, folge mir …
Beeilen wir uns, die Gunst des Himmels zu genießen;

Sortons de ce séjour funeste:
Non tu n'es plus une ombre, & le dieu des amours
Va nous réunir pour toûjours.

EURIDICE. Qu'entends-je! ah se peut-il! heureuse destinée!
Eh quoi, nous pouvons resserrer
Les nœuds d'amour & d'himenée!

ORPHÉE. Oui: suis mes pas sans differer.
(Il quitte la main d'Euridice.)

EURIDICE. Mais par ta main, ma main n'est plus pressée…
Quoi tu fuis ces regards que tu chérissois tant!
Ton cœur pour Euridice est-il indifferent?
La fraîcheur de mes traits seroit-elle effacée?
(Euridice tire Orphée par le bras pour se faire regarder.)

ORPHÉE *(à part)*. O dieux! quelle contrainte! *(haut.)*
Euridice, suis-moi …
Fuyons de ces lieux, le tems prèsse,
Je voudrois t'exprimer l'excès de ma tendresse …
(à part.) Je ne le puis! oh! trop funeste loi!

EURIDICE *(tendrement)*.
Un seul de tes regards …

ORPHÉE. Tu me glaces d'effroi!

EURIDICE. Ah barbare!
Sont-ce là les douceurs que ton cœur me prépare?
Est-ce donc là le prix de mon amour?
O fortune jalouse!
Orphée hélas! se refuse en ce jour
Aux transports innocents de sa fidelle épouse?

ORPHÉE. Par tes soupçons cèsse de m'outrager.

verlassen wir diesen düsteren Ort:
Nein, du bist kein Schatten mehr, und der Gott der Liebe wird uns für immer vereinen.

EURYDIKE. Was höre ich! ach, ist es möglich! glückliches Geschick! Wie, wir können die Bande der Liebe und Ehe wieder festigen!

ORPHEUS. Ja: Folge meinen Schritten ohne Zaudern.

(Er lässt Eurydikes Hand los.)

EURYDIKE. Doch deine Hand drückt nicht mehr die meine …
Wie, du fliehst diese Blicke, die du so sehr liebtest!
Ist dein Herz gleichgültig gegenüber Eurydike?
Sollte die Frische meiner Züge vergangen sein?

(Eurydike zieht Orpheus am Arm, damit er sie ansehe.)

ORPHEUS *(beiseite)*. O Götter, was für ein Zwang! *(laut)* Eurydike, folge mir …
Fliehen wir diesen Ort, die Zeit drängt, ich wünschte, ich könnte dir meine unendliche Zärtlichkeit zeigen …
(beiseite) Ich kann es nicht! ach! überaus verhängnisvolles Gesetz!

EURYDIKE *(zärtlich)*.
Nur ein einziger Blick von dir …

ORPHEUS. Du lässt mich vor Entsetzen erstarren!

EURYDIKE. Ach, Grausamer!
Sind das die Zärtlichkeiten, die dein Herz mir bereitet?
Ist das also der Preis für meine Liebe?
O neidisches Schicksal!
Weh! Orpheus entzieht sich an diesem Tage
den unschuldigen Gefühlen seiner treuen Gattin?

ORPHEUS. Höre auf, mich durch deine Zweifel zu erzürnen.

EURIDICE. Tu me rends à la vie & c'est pour m'affliger.
Dieux, reprenez un bienfait que j'abhorre!
Ah! cruel époux, laisse moi!

Duo

Duo

ORPHÉE. Viens, suis un époux qui t'adore.
EURIDICE. Non, ingrat, je préfere encore
La mort qui m'éloigne de toi!

ORPHÉE. Vois ma peine,
EURIDICE. Laisse Euridice.
ORPHÉE. Ah cruelle! quelle injustice!
Je suivrai toûjours tes pas.

EURIDICE. Parle, contente mon envie?
ORPHÉE. Dût-il m'en coûter la vie,
Non, je ne parlerai pas!

EURIDICE & ORPHÉE *(ensemble à part, & sans se regarder).*
Dieux! Soyez-moi favorables!
Voyez mes pleurs!
Dieux secourables,
Quelles rigueurs;
Quels tourments insupportables
Mêlez-vous à vos faveurs!
(Orphée troublé, s'appuie contre un rocher, dans la plus grande consternation.)

EURYDIKE. Du bringst mich ins Leben zurück und betrübst mich damit bloß. Götter, nehmt eure Gunst zurück, die mich anwidert! Ach! grausamer Gatte, lass mich!

Duo

Duo

ORPHEUS. Komm und folge dem Gatten, der dich liebt.
EURYDIKE. Nein, Undankbarer, ich ziehe sogar
den Tod vor, der mich von dir entfernt!

ORPHEUS. Sieh meinen Kummer.
EURYDIKE. Lass Eurydike zurück.
ORPHEUS. Ach! Grausame! Wie ungerecht!
Ich werde dir immer folgen.

EURYDIKE. Sprich, erfülle meinen Wunsch!
ORPHEUS. Und sollte es mich das Leben kosten,
nein, ich werde nicht sprechen!

EURYDIKE UND ORPHEUS *(gleichzeitig, aber jeder für sich und ohne sich anzusehen).*
Götter! Seid mir günstig!
Seht meine Tränen!
Rettende Götter,
mit welchen Härten,
mit welch unerträglichen Qualen
vermischt ihr eure Gunst!

(Orpheus ist verwirrt und lehnt sich in größter Bestürzung an einen Felsen.)

[Récitatif]

EURIDICE *à part, éloignée d'Orphée.*

Mais d'où vient qu'il s'obstine[23] à garder le silence?
Quel secret veut-il me cacher?
Au séjour du repos devoit-il m'arracher,
Pour m'accâbler de son indifference!
O destin rigoureux!
Ma force m'abandonne,
Le voile de la mort retombe sur mes yeux,
Je tremble, je languis, je frissonne,
Je pâlis,
Je frémis;
Mon cœur palpite,
Un trouble secret m'agite,
Tous mes sens sont saisis d'horreur,
Et je succombe à ma douleur.

Fortune ennemie! Air
Quelle barbarie!
Ne me rends-tu la vie
Que pour les tourments?

Je goûtois les charmes Duo
D'un repos sans allarmes;
Le trouble, les larmes
Remplissent aujourd'hui mes malheureux moments.[24]

Fortune ennemie! Air
Quelle barbarie!
Ne me rends-tu la vie
Que pour les tourments?

[Rezitativ]

EURYDIKE *beiseite, in einiger Entfernung von Orpheus.*
Doch wie kommt es, dass er so hartnäckig schweigt?
Welches Geheimnis will er vor mir verbergen?
Musste er mich dem Ruheort entreißen,
um mich mit Missachtung zu strafen?
O hartes Geschick!
Meine Kraft schwindet,
der Schleier des Todes senkt sich von neuem über
meine Augen, ich bebe, schmachte, erschauere,
erbleiche,
zittre;
mein Herz klopft,
eine seltsame Unruhe erregt mich,
alle meine Sinne werden von Schrecken erfasst,
und ich erliege meinem Schmerz.

Feindliches Schickal! Air
Wie grausam du bist!
Gibst du mir das Leben zurück,
nur um mich zu quälen?

Ich genoss den Zauber Duo
eines friedvollen Ortes;
Verwirrung und Tränen
bestimmen jetzt mein Dasein.

Feindliches Schicksal! Air
Wie grausam du bist!
Gibst du mir das Leben zurück,
nur um mich zu quälen?

ORPHÉE *(à part).*
Quelle épreuve cruelle.
EURIDICE *(à part).* Il m'abandonne … *(haut.)* Orphée!
Quoi! tu refuses du secours
À ton épouse désolée?[25]
O dieux, à vous seul j'ai recours;
Hélas! dois-je finir mes jours,
Sans un regard de ce que j'aime?
ORPHÉE *(à part).* Je sens mon courage expirer,
Et ma raison se perd dans mon amour extrême;
J'oublie & la défense, Euridice & moi-même!
Ciel!
(Il fait un mouvement pour se retourner, & tout à coup se retient.)
EURIDICE. Cher époux, je puis à peine respirer.
(Elle tombe sur un rocher.)
ORPHÉE. Rassure-toi, je vais tout dire.
Apprends … que fais-je! *(à part.)* Ah justes dieux!
Quand finirez-vous mon martyre?
EURIDICE *(d'une voix entrecoupée).*
Reçois donc mes derniers adieux …
Et souviens-toi d'Euridice …
ORPHÉE *(avec transport).*
Où suis-je! je ne puis résister à ses pleurs …
Non, le ciel ne veut pas un plus grand sacrifice!
O ma chere … Euridice!
(Il se retourne avec impétuosité.)
EURIDICE *(fait un effort pour se lever, & meurt).*
Orphée! o ciel, je meurs!

[Rezitativ]

ORPHEUS *(beiseite).*
Welch grausame Prüfung.

EURYDIKE *(beiseite).* Er verlässt mich … *(laut)* Orpheus!
Wie! du verweigerst
deiner verzweifelten Gattin die Rettung?
O Götter, nur an euch kann ich mich noch wenden;
weh! soll ich meine Tage enden
ohne einen Blick des Geliebten?

ORPHEUS *(beiseite).* Ich fühle, wie mein Mut mich verlässt,
mein Verstand schwindet in übergroßer Liebe;
ich vergesse das Verbot, ich vergesse Eurydike, ich
vergesse mich selbst! Himmel!

(Er macht eine Bewegung, um sich umzudrehen, und hält plötzlich inne.)

EURYDIKE. Lieber Gatte, ich vermag kaum noch zu atmen.

(Sie sinkt auf einen Felsen nieder.)

ORPHEUS. Sei ohne Sorge, ich werde alles erklären.
Höre … was tue ich! *(beiseite)* Ach, gerechte Götter!
Wann werdet ihr meine Qualen beenden?

EURYDIKE *(mit stockender Stimme).*
Nimm meinen letzten Abschiedsgruß entgegen …
und erinnere dich an Eurydike …

ORPHEUS *(erregt).* Wo bin ich! Ich vermag ihren Tränen
nicht zu widerstehen …
Nein, der Himmel verlangt kein größeres Opfer!
Ach meine geliebte … Eurydike!

(Er dreht sich heftig um.)

EURYDIKE *(versucht aufzustehen und stirbt).*
Orpheus! Himmel! ich sterbe!

ORPHÉE. Malheureux qu'ai-je fait! & dans quel précipice
M'a plongé mon funeste amour?
Chere épouse! Euridice!
Elle ne m'entend plus, je la perds sans retour:
C'est moi qui lui ravis le jour!
O loi fatale!
O peine sans égale!
Inutile remord![26]
Dans ce moment funeste,
Le désespoir, la mort,
Est tout ce qui me reste!

Air

Air

J'ai perdu mon Euridice,
Rien n'égale mon malheur;
Sort cruel! quelle rigueur!
Je succombe à ma douleur!
Euridice, réponds-moi … quel supplice!
C'est ton époux fidelle,
Entends ma voix qui t'appelle …
Mortel silence!
Vaine espérance!
Quelle souffrance!
Quels tourments déchirent mon cœur!

J'ai perdu, *&c.*

[Récitatif]

Ah! puisse ma douleur finir avec ma vie!
Je ne survivrai point à ce dernier revers,

ORPHEUS. Was habe ich Unglücklicher getan! und in welchen Abgrund hat mich meine verhängnisvolle Liebe gestürzt? Teure Gattin! Eurydike!
Sie hört mich nicht mehr, ich verliere sie für immer:
Ich selbst raubte ihr das Tageslicht!
O tödliches Gesetz!
O Strafe ohnegleichen!
Unnütze Reue!
In diesem unseligen Moment
bleiben mir nur
Verzweiflung und Tod!

Air

Air

Ich habe meine Eurydike verloren,
nichts gleicht meinem Unglück;
Grausames Los! welche Härte!
Ich erliege meinem Schmerz!
Eurydike, antworte mir … welche Qual!
Dein treuer Gatte ruft dich,
höre meine Stimme …
Tödliche Stille!
Vergebliches Hoffen!
Welches Leid!
Welche Qualen zerreißen mein Herz!

Ich habe meine Eurydike verloren, *usw.*

[Rezitativ]

Ach, könnte mein Schmerz mit meinem Leben enden!
Ich werde diesen letzten Rückschlag nicht überleben,

Je touche encore aux portes des enfers;
J'aurai bientôt rejoint mon épouse chérie.
Oui je te suis, tendre objet de ma foi;
Je te suis, attends-moi,
Tu ne me seras plus ravie,
Et la mort pour jamais va m'unir avec toi!

(Orphée tire son épée pour se tuer, & l'Amour qui paroît tout à coup retient son bras.)

Scène II

Orphée, l'Amour, Euridice.

[Récitatif]

L'AMOUR. Arrête … Orphée.
ORPHÉE. O ciel, qui pourroit en ce jour,
Retenir les transports de mon ame égarée!
L'AMOUR. Calme ta fureur insensée,
Arrête, & reconnois l'Amour,
Qui veille sur ta destinée.
ORPHÉE. Qu'exigez-vous de moi!
L'AMOUR. Tu viens de me prouver ta constance & ta foi;
Je vais soulager ton martyre.
Sois heureux.
(L'Amour touche Euridice, & l'anime.)
Euridice! respire!
Du plus fidele époux viens couronner les feux!

ORPHÉE, *avec transport.*
Mon Euridice!
EURIDICE. Orphée!

ich fasse noch die Pforten der Unterwelt;
bald werde ich meine geliebte Gattin eingeholt haben.
Ja, ich folge dir, du Zarte, der ich schwor;
ich folge dir, warte auf mich,
du wirst mir nicht mehr genommen werden,
und der Tod wird mich für immer mit dir vereinen!

(Orpheus zieht sein Schwert, um sich zu töten, und Amor, der plötzlich erscheint, fällt ihm in den Arm.)

Szene II

Orpheus, Amor, Eurydike.

[Rezitativ]

AMOR. Halt ein ... Orpheus.

ORPHEUS. Himmel, wer könnte an diesem Tage
meiner verstörten Seele Einhalt gebieten!

AMOR. Besänftige deine blinde Wut,
halt ein und erkenne Amor,
der über dein Geschick wacht.

ORPHEUS. Was verlangt Ihr von mir!

AMOR. Du bewiesest mir soeben deine Standhaftigkeit
und Treue; ich werde deine Qualen lindern.
Sei glücklich.

(Amor berührt Eurydike und erweckt sie zum Leben.)

Eurydike! atme!
Komm und kröne die Leidenschaft des treusten aller Gatten!

ORPHEUS, *bewegt.*
Meine Eurydike!

EURYDIKE. Orpheus!

ORPHÉE. Ah! justes dieux!
Quelle est notre reconnoissance!
L'AMOUR. Rendez hommage à ma puissance:
Je viens vous retirer de cet affreux séjour;
Jouissez désormais des faveurs de l'Amour.

Trio

Trio

ORPHÉE. Tendre Amour,[27] à tes peines,
Que tu mêles de douceurs!
EURIDICE. Tendre Amour, que tes chaînes
Ont de charmes pour nos cœurs.[28]
L'AMOUR. Je dédommage tous les cœurs,
Par un instant de mes faveurs:
Que l'ardeur qui vous enflâme
Toujours regne dans votre âme;
Ne craignez plus mes rigueurs.
EURIDICE et ORPHÉE. Quel transport & quel délire
O tendre Amour ta faveur nous inspire!
Célebrons pour jamais
Tes bienfaits!
L'AMOUR. Célébrez pour jamais
Mes bienfaits.

ORPHEUS. Ach! gerechte Götter!
Wie groß ist unsere Dankbarkeit!
AMOR. Ehrt meine Macht:
Ich komme, um euch von diesem abscheulichen Ort wegzuholen; erfreut euch von nun an Amors Gunst.

Trio

Trio

ORPHEUS. Zärtlicher Amor, wieviel Freuden
mischst du in deine Qualen!
EURYDIKE. Zärtlicher Amor, wieviel Reiz
üben deine Ketten auf unsere Herzen aus!
AMOR. Ich entschädige alle Herzen
mit einem einzigen Augenblick der Gunst:
Möge eure Liebesflamme
für immer in eurer Seele brennen;
fürchtet meine Strenge nicht mehr.
EURYDIKE und ORPHEUS. Welche Regung, welche Lust
erweckst du, zärtlicher Amor, in uns!
Feiern wir immerzu
deine Wohltaten!
AMOR. Feiert immerzu
meine Wohltaten.

Scène dernière

Le théâtre change & représente un temple magnifique dédié à l'Amour.

Orphée, Euridice, l'Amour; suite de l'Amour; troupe de Nimphes de la suite d'Orphée & d'Euridice; troupe de Bergers & de Bergeres.

Chœur

Ballet de la suite de l'Amour. [29]

ORPHÉE. L'Amour trïomphe, & tout ce qui respire
Sert l'empire
De la beauté;
Sa chaîne agréable
Est préférable
À la liberté.

LE CHŒUR. L'Amour trïomphe, *& c.*

L'AMOUR. Dans les peines, dans les allarmes,
Je fais souvent languir les cœurs;
Mais dans un instant mes charmes
Font pour jamais oublier mes rigueurs.

LE CHŒUR. L'Amour trïomphe, *& c.*

EURIDICE. Si la cruelle jalousie
A troublé mes tendres desirs,
Les douceurs dont elle est suivie
Sont des chaînes de plaisirs.

Letzte Szene

Die Bühne verändert sich und zeigt einen prächtigen Amortempel.

Orpheus, Eurydike, Amor; Gefolge des Amor; Gruppe von Nymphen aus dem Gefolge des Orpheus und der Eurydike; Gruppe von Hirten und Hirtinnen.

Chor

Ballett von Amors Gefolge.

ORPHEUS. Amor triumphiert und alles, was atmet,
huldigt der Herrschaft
der Schönheit;
seine angenehme Fessel
ist besser
als die Freiheit.

CHOR. Amor triumphiert, *usw.*

AMOR. In Qual und Sorge
lasse ich oft die Herzen schmachten;
doch in einem Augenblick lassen meine Zauber
meine Strenge für immer vergessen.

CHOR. Amor triumphiert, *usw.*

EURYDIKE. Hat auch die grausame Eifersucht
mein zärtliches Sehnen gestört,
sind doch die Freuden, die ihr folgen,
Ketten der Liebe.

LE CHŒUR. L'Amour trïomphe, *& c.*

Ballet

(Gracieux – Gavotte – Air vif – Menuet – Maestoso – Très lentement – Chaconne)

Ballet général.

Fin.

Approbation.
J'ai lu, par ordre de Monseigneur le Chancelier, *Orphée & Euridice*, Drame Héroïque & je crois qu'on peut en permettre l'impression.
À Paris, ce 30 Juin 1774.
MARIN.

CHOR. Amor triumphiert, *usw.*

Ballett

(Gracieux – Gavotte – Air vif – Menuet – Maestoso – très lentement – Chaconne)

Allgemeines Ballett.

Ende.

Genehmigung.
Auf Anordnung des Herrn Kanzler habe ich das heroische Drama *Orpheus und Eurydike* gelesen und glaube, dass seine Drucklegung genehmigt werden kann.
Paris, 30. Juni 1774.
MARIN.

Anmerkungen

1 Die Partitur gibt die Gattung hingegen als »Tragédie / Opéra en trois Actes« an; siehe Christoph Willibald Gluck, *Sämtliche Werke*, Abteilung I: *Musikdramen*, Band 6: *Orphée et Euridice (Pariser Fassung von 1774)*, hrsg. von Ludwig Finscher, Kassel u.a.: Bärenreiter, 1967 (Hauptquelle dieser wissenschaftlich-kritischen Ausgabe ist der Pariser Originaldruck von 1774).

2 Das Motto stammt aus Vergils *Georgica*, IV. Buch, Vers 465–466.

3 Zwar gibt der Übersetzer Moline hier analog zur italienischen Vorlage an, dass das Stück am Averner See spiele, eliminiert im Operntext selbst dann jedoch sämtliche Hinweise und Anspielungen auf diesen Schauplatz.

4 Ovid, *Metamorphosen*, 10. Buch und Beginn des 11. Buches; Vergil, *Äneis*, 6. Buch, Verse 304–335.

5 Moline spricht hier das Problem an, dass die italienische und die französische Versmetrik im Grunde kaum miteinander kompatibel sind, so dass seine französischen Verse aufgrund der Bindung an die bereits vorhandene, in metrischer Hinsicht ›italienische‹ Musik gemessen an französischen Maßstäben metrisch oft ›fehlerhaft‹ erscheinen.

6 In der Partitur folgt diese Pantomime erst nach Orpheus' Rezitativ.

7 Die Bedeutung des Begriffes »Air« schillert zwischen ›Arie‹, ›Melodie‹, ›Lied‹ und ›lied- oder arienförmigem Instrumentalstück, Tanzsatz‹.

8 Die Nymphe Echo, nach der das akustische Phänomen benannt ist.

9 Der griechischen Mythologie zufolge einer der fünf Flüsse der Unterwelt.

10 Der griechischen Mythologie zufolge der todbringende Gott der Unterwelt.

11 Partitur: »muet« (stumm).

12 Der griechischen Mythologie zufolge der Strafort in der Unterwelt.

13 Partitur: »la peur« (Angst).

14 Der griechischen Mythologie zufolge der Höllenhund, der den Eingang der Unterwelt bewacht.

15 Partitur: »Malgré nos vains efforts« (Unseren nutzlosen Anstrengungen zum Trotz).

16 Die beiden Zeilen lauten in der Partitur: »Quels chants doux et touchants! Quels accords ravissants!« (Welch süße, berührende Gesänge! Was für wunderbare Klänge!)

17 Das Elysion ist der griechischen Mythologie zufolge derjenige Teil der Unterwelt, wo Glückseligkeit herrscht.

18 Der Zephyros ist der griechischen Mythologie zufolge die Gottheit des Westwindes, des mildesten unter den Winden.

19 Partitur: nur Chor.

20 Dieses Verspaar, in dem sich »paroître« auf »renaître« reimt, belegt paradigmatisch die sprachwissenschaftliche Erkenntnis, dass die alte, im 18. Jahrhundert noch übliche »-oi-«(»-oî-«)-Schreibung von Wörtern, die heute mit »-ai-« (»-aî-«) zu schreiben sind, zu dieser Zeit bereits keine lautliche Unterscheidung mehr anzeigt. Das heißt, »-oi-« ist hier und an vielen anderen Stellen wie »-ai-« auszusprechen: [ɛ].

21 Partitur: »désirs« (Wünsche).

22 Dieser »Danse des Ombres« und dem folgenden »Ballet général des Ombres heureuses« entsprechen in der Partitur keine eigene Ballettmusiknummern; es ist möglich, dass gleichzeitig zum folgenden Chor getanzt wurde (als sog. »Chœur dansé«).

23 Partitur: »persiste«.

24 Im Libretto ist dieser Abschnitt nicht als Duo angelegt. Die Partitur sieht für Orpheus folgenden Text vor: »Ses injustes soupçons / redoublent mes tourments. / Que dire? que faire? / elle me désespère! Ne pourrai-je calmer le trouble de ses sens?« (Ihre ungerechten Zweifel vergrößern meine Qual. Was soll ich sagen? Was soll ich tun? Sie bringt mich zur Verzweiflung! Werde ich ihre verwirrten Sinne nicht beruhigen können?)

25 Anstelle dieser drei Verse lautet der Text in der Partitur: »Tu m'abandonnes, cher Orphée! En ce moment ton épouse désolée implore en vain ton secours.« (»Du verlässt mich, teurer Orpheus!

In diesem Moment erfleht deine verzweifelte Gattin vergeblich deine Hilfe.«)

26 Anstelle dieser drei Verse lautet der Text in der Partitur: »Loi fatale, cruels remords! Ma peine est sans égale!« (»Tödliches Gesetz, grausame Reue! Mein Schmerz ist ohne gleichen.«)

27 Im Erstdruck des Librettos »amour« (Liebe); Groß- und Kleinschreibung wechselt auch im Folgenden in unsystematischer Weise ab und wurde zu »Amour« (Amor) vereinheitlicht.

28 In der Partitur sind die Einsätze Orpheus' und Eurydikes zunächst vertauscht.

29 Mutmaßlich diente der Chor gleichzeitig als Ballettmusik.

Nachwort

Orpheus hören, sehen und lesen – Zur Libretto-Edition des Gluckschen *Orfeo/Orphée*

Christoph Willibald Glucks *Orpheus* gehört zu den berühmtesten Werken des Opernrepertoires und ist bis heute auf den Bühnen präsent – ein geradezu klassischer Satz für Einführungen in diese Oper. Allerdings: Während man heute oft von *dem* Gluckschen *Orpheus* spricht, die Oper sich im Zuge ihrer Rezeption zu einer werkhaften Einheit verfestigt zu haben scheint, hat der Komponist uns mehrere Fassungen hinterlassen, von denen zwei (eine für Wien geschriebene italienische und eine für Paris geschriebene französische) bereits zu ihrer Entstehungszeit durch Drucke in eine breitere Öffentlichkeit gerückt wurden. Dass die Rezeption dieser Oper von Beginn an auch mit der Möglichkeit zur Lektüre des Librettos wie der Partitur verbunden war, blieb ebenfalls nicht ohne Einfluss auf die Bedeutung, die man ihr nach und nach zuschrieb. Dies mag eine der Ursachen dafür sein, dass Glucks *Orpheus* in der allgemeinen Wahrnehmung wie kaum ein anderes Werk seiner Zeit als ästhetischer Wendepunkt, als »Reformwerk«, nicht nur in die Opern-, sondern auch allgemein in die Musikgeschichte einging. Was man dabei genau als das »Reformerische« ansah, hing von mehreren Faktoren ab. Während die Musikgeschichten ihre Argumentationen auf einzelne Beispiele stützen konnten und sich so dem Problem der verschiedenen Fassungen kaum stellen mussten, kann man an den verschiedenen Bühneneinrichtungen verfolgen, wie das Werk im Spannungsfeld zwischen der idealen und der aufführbaren Werkgestalt das aus der jeweiligen historischen Perspektive »Beste« beider Versionen amalgamierte und an die Aufführungsbedingungen der einzelnen Häuser angepasst wurde. Die vielleicht berühmteste dieser Adaptionen schuf 1859 Hector Berlioz für seine Star-Sängerin Pauline Viardot, für die er den Orpheus (der zu Glucks Zeit in Wien von einem Kastraten, in Paris von einem Tenor gesungen worden war) als jene Alt-Partie einrichtete, deren zentrale Arie fortan zum Standard-Repertoire aller Altistinnen gehören sollte. Diese Praxis der teils weitgehenden Anpassung von Werken an ihre jeweiligen Aufführungskontexte führte in die Tradition der Mischfassungen, in denen Glucks Opern lange Zeit auf die Bühne kamen. Erst die historische Aufführungspraxis rückte die Gluckschen Partituren wieder in den Blick, und wir können sie uns mittlerweile durch Einspielungen der Wiener Fassung (durch John Elliott Gardiner), der Pariser Fassung (durch Marc Minkowski) und der Berliozschen Bearbeitung (ebenfalls durch Gardiner – sicher nicht zufällig die früheste der genannten Einspielungen) auch unabhängig von Bühnenaufführungen vor Ohren führen. Diese Situation ändert auch die Voraussetzungen für neue Inszenierungen, die nun zumindest bei einem Teil des Publikums mit der Kenntnis dieser Fassungen rechnen können.

Orpheus zwischen Wien und Paris

Tatsächlich ist Glucks *Orpheus* gerade in seinen verschiedenen Gestalten so bemerkenswert – die Kenntnis der Kontexte und ihrer dichterischen wie kompositorischen Konsequenzen erhöht das Vergnügen an dieser Oper und ihren

Aufführungen erheblich. Gehen wir also zurück in die Zeit der Entstehung. Die Orte des Geschehens sind Wien, Parma und Paris: 1762 kam das Stück in Wien anlässlich des Namenstages des Kaisers heraus, zwei Jahre später wurde es – darin zeigt sich das Sendungsbewusstsein, das man mit diesem Werk verband – in Paris auf Veranlassung und Kosten des Grafen Giaccomo Durazzo, zu dieser Zeit Generalintendant des Wiener Hoftheaters, als Partitur gedruckt. Durazzo unterhielt schon eine Weile enge Kontakte nach Paris, vor allem zu dem Theaterunternehmer Charles-Simon Favart, der nicht nur Stücke für die französische Truppe am Wiener Burgtheater vermittelte, sondern auch bei dieser Publikation des *Orfeo* mitwirkte. Gleichzeitig mit der Partitur erschien in Paris 1764 auch eine französische Fassung des Librettos, deren Übersetzer der Jurist und Theaterautor Jean-Joseph Moline gewesen ist. In Parma, das der Habsburger-Dynastie 1760 durch die Hochzeit zwischen Isabella von Bourbon-Parma und dem Thronfolger und späteren Kaiser Joseph II. dynastisch verbunden worden war, ging das Stück 1769 modifiziert in die *Feste di Apollo* ein, einer aus drei unabhängigen Einaktern bestehenden Inszenierung anlässlich der Hochzeit der habsburgischen Erzherzogin Maria Amalia mit dem Infanten Ferdinand von Parma. 1774 schließlich gelangte das Stück in einer Neufassung und in französischer Sprache auf die Bühne der Pariser Opéra im Rahmen eines großangelegten Opern-Auftrags, den der im Umfeld Marie-Antoinettes nach deren Heirat mit dem französischen Thronfolger nach Paris gekommene Gluck nicht nur mit Neukompositionen, sondern auch mit programmatischen Adaptionen seiner Wiener »Reform«-Werke bestritt.

Den politischen Rahmen für diese Produktionen lieferte offensichtlich die Kultur-Kampagne zur Annäherung der (auf der Opernbühne italienisch ausgerichteten) Habsburger an die Bourbonen im Kontext des sogenannten »renversement des alliances« (dem politischen Bündnis Habsburgs mit dem jahrhundertelang feindlichen Frankreich gegen Preußen nach dem Siebenjährigen Krieg), das eng mit dem Namen des damaligen Staatskanzlers Wenzel Graf Kaunitz verbunden war. Dass Maria-Theresia solche machtpolitischen Ziele nicht nur mit ihrer legendären Heiratspolitik verfolgte, sondern dabei auch die nicht nur in Wien traditionell zur politischen Repräsentation genutzte Musikbühne eine wichtige Rolle spielte, liegt nahe. Der erste Schritt der musiktheatralischen Auseinandersetzung war die Verpflichtung einer französischen Vaudeville-Truppe an das Burgtheater, die die französische Theaterdebatte in Wien auf die Bühne brachte. Mit der in dieser Zeit vieldiskutierten Frage, wie die italienische Oper von der französischen lernen könne und umgekehrt, wurden die kulturpolitischen Annäherungen verhandelt und dies nach und nach auch in zentralen Fest-Opern. Vor diesem Hintergrund wird man sich nicht darüber wundern, dass viele der zeitgenössischen literarischen Beiträge zu diesem Thema von Personen stammten, die nicht nur ästhetisch tätig waren, sondern sich gleichzeitig in der politischen Administration bzw. der Sphäre der Diplomatie bewegten – das gilt für den Wiener Theaterintendanten Giacomo Durazzo (der 1749 als Genueser Botschafter in Wien eingetroffen war) wie für den Librettisten des *Orfeo* Ranieri de' Calzabigi (der 1761 als »consigliere alla Camera dei Conti dei Paesi Bassi« nach Wien gekommen und mit besten Kontakten nach Paris versehen war).

In der 1756 anonym in Paris (mit dem fingierten Druckort Neapel) erschienenen *Lettre sur le mechanisme de l'opéra italien*, die Daniel Heartz mit guten Gründen dem Librettisten Calzabigi als Autor zuschreibt, wird der Weg für die praktische Erkundung benannt, die zu einer Oper führen soll, die weder italienisch noch französisch, sondern eine zur angemessenen Repräsentation des neuen politischen Selbstverständnisses des Habsburger Reiches geeignete Form sein würde, die geradezu folgerichtig einen europäischen Geltungsanspruch für sich reklamierte. Solche (kultur-)politischen Interessen also stehen hinter der Idee, man könnte beide Operntypen zu einer neuen, natürlich besseren Form vereinen – und man soll das als Zuschauer natürlich auch bemerken. Deshalb sind für Wien französische Einflüsse deutlich in die Oper eingeschrieben und treffen so innerhalb des Werkes auf die bekannten italienischen Traditionen (und dies nicht nur im *Orfeo*): »Wenn dieses Projekt durchgeführt werden kann, so nicht anders denn als durch Vergleich der Opernformen und Analyse der Teile«, schreibt Calzabigi im *Lettre*[1]; im *Orfeo* folgt er diesem Programm unübersehbar. Der Eindruck einer Synthese wird vor allem durch eine programmatische Aufweichung der für die italienische Oper so charakteristischen Trennung von Rezitativen und Arien erreicht. Um die Gestaltung stärker an der Szene als dramatischer Einheit auszurichten, verzichtet Gluck auf allein durch die

1 *Lettre sur le méchanisme de l'opéra italien*, Neapel [Paris] 1756, Préface de l'éditeur, S. VIII–IX. [Übers.: D. Schmidt.]

Generalbassgruppe (Violoncello und Cembalo) unterstützte sogenannte Secco-Rezitative zugunsten der in Frankreich üblichen orchesterbegleiteten, so dass schon von der Besetzung in ihrer Klangfülle her der Bruch auch dort weniger deutlich ist, wo sich formal gar nicht viel geändert hat. Darüber hinaus greifen Calzabigi und Gluck aber auch auf aus Frankreich bekannte Formstrategien zurück, um dieses Ziel zu erreichen, vor allem die Idee, Szenen durch strophische Formen, die durch Rezitative, Arien bzw. ariose Teile oder Tänze unterbrochen werden, zu größeren Einheiten zusammenzufassen. Üblicherweise nutzte man in Frankreich seit Jean Baptiste Lully (1632–1687) hierfür Chor-Airs, eine Tradition, die Calzabigi und Gluck für ihre Zwecke in differenziertester Weise fruchtbar machen. Ein deutliches Signal in eine solche Richtung ist bereits die allererste Szene des ersten Aktes, die sofort auf dieses Mittel zugreift: Die Autoren lassen ihren Orfeo, konzipiert als Kastratenpartie – also das italienischste aller Stimmfächer –, musikalisch-formal gleichsam in einen französischen Raum treten, indem er die Klage des Chors um den Verlust der Euridice unterbricht und die Mitklagenden fortschickt. Der Chor singt noch die die szenische Einheit schließende Strophe, geht dann ab und lässt Orfeo allein zurück. Dieser singt nun nicht die in der metastasianischen Operntradition erwartbare und mit diesem Rollentyp genuin verbundene kunstvolle Arie, sondern die Autoren setzten auch für den Monolog im zweiten Teil der Szene auf die Strategie des Strophischen mit einer schlichten Romanze im Dreiertakt, die durch rezitativische schmerzvolle Anrufungen unterbrochen wird. Hier wird nun nicht das formal schließende Potential der strophischen Form genutzt, sondern die Szene mündet in einer Anklage an die Götter, in der die dramatische Kraft des französischen rezitativischen Monologs hervortritt. Gleich zu Beginn der Oper eröffnen Calzabigi und Gluck also der vom Stimmfach her unmissverständlich italienisch markierten Hauptfigur das Form- und Ausdruckspotential der französischen Oper (in Frankreich war diese Spannung, die vor dem skizzierten kulturpolitischen Hintergrund geradezu Programm ist, für Gluck aus verschiedenen Gründen so nicht fruchtbar zu machen – hier ist Orphée selbstverständlich ein Tenor, dem diese Ausdrucksformen genuin eigen sind). Dass unter solchen Bedingungen auch die Möglichkeiten der – von zeitgenössischen Kritikern der italienischen Oper stark beargwöhnten und allen Wiener Opernbesuchern der Zeit wohlbekannten – Form der Da-capo-Arie in ganz neuem Licht erscheinen, wenn Gluck sie schließlich spät und exklusiv für den Auftritt der Euridice ganz regelgerecht im dritten Akt komponiert, ist klar – davon wird noch zu sprechen sein.

Den ästhetischen Hintergrund und die Kriterien für die bühnenpraktische Erkundung der dramatischen Möglichkeiten, die die französische Oper der italienischen (nicht nur im *Orfeo*) bietet, liefert eine ausgreifende europäische Debatte über die Frage nach einer am französischen Sprechtheater geschulten musikalischen Dramatik. Im Zuge der Aufklärung wandeln sich das Menschenbild und damit, worauf Silke Leopold mit Recht immer wieder hingewiesen hat, entscheidend auch die gesellschaftlich erwünschten Kommunikationsformen (darüber orientiert ein Blick in die zeitgenössischen Verhaltenslehren, die zunehmend die traditionelle »Höflichkeit« als hohle Form der Verstellung geißeln und ihr die »Wahrheit« des Ausdrucks entgegenhalten). Das löst folgerichtig auch eine Debatte darüber aus, wie sich Menschen auf Bühnen glaubhaft verhalten können. Dies wird auf mehreren Ebenen Konsequenzen haben: Zum einen stellt sich die Frage, wie unter solchen Voraussetzungen eine aktuelle Version des Orpheus-Stoffes inhaltlich aussehen müsste, und zum anderen, wie die Formen, die in der Oper der Zeit zur Verfügung stehen, auf die veränderten Ansprüche der Menschendarstellung reagieren.

Dass Gluck und Calzabigi dem Rechnung tragen und nicht einfach auf die Konventionen zurückgreifen, sondern sie in aufschlussreicher Weise modifizieren, zeigt sich deutlich auch am Schluss der Oper. Es wird nicht einfach ein konventionelles *lieto fine*, das in der italienischen Oper obligate glückliche Ende, inszeniert, das gerade für eine Festaufführung den angemessenen Abschluss sichert. Vielmehr spielen die Autoren mit dieser Tradition – nun vor allem dadurch, wie sie diese Form füllen: Hier schwebt kein »deus ex machina« aus dem Schnürboden (bei Monteverdi griff noch Apoll ein), sondern Amor, Sohn der Venus und des Mars, dessen besondere Eigenschaft ist, dass er in der Menschen- wie der Götterwelt gleichermaßen Verwirrung stiften kann (eine ähnliche Stellung nimmt wenig später in *Alceste* Herkules ein). Und dieser Amor kommt nicht von »außen«; er ist von Anfang an im Spiel und betritt bereits in der zweiten Szene der Oper leibhaftig die Bühne. Als allegorische Figur steht er für die Voraussetzungen der Handlung, für die Liebe, die Orfeo und Euridice verbindet. Wenn Amor in der zweiten Szene erscheint, spricht er die Bedingung aus, unter der Orfeo seine Geliebte ins Leben zurückholen kann, stellt die Prüfungsaufgabe, die unter den Voraussetzungen der wahrhaft menschlichen Liebe letztlich nicht erfüllbar ist, singt seine kleine, muntere Arie mit einer einfachen Refrainform und geht. Man könnte sagen, anders als Orfeo tritt er in einer italienischen Szenenanlage auf und in etwas herabgestimmter Stillage. Orfeo nun besteht die von Amor auferlegte Prüfung, gleichsam indem er sie nicht besteht, an der Liebe scheitert und sich dadurch wahrhaft menschlich zeigt. Das feiert die Oper am Ende mit dem erneuten Erscheinen Amors in der dramatischen Konsequenz des glücklichen Endes, die die italienische Konvention für ihn bereithält. Allerdings folgt nun eben kein hochgestimmtes, kunstvolles *lieto fine*, wie es die *opera seria* mit ihrem Götterhimmel an dieser Stelle vorschreiben würde, sondern die Oper folgt dieser innerweltlichen Sphäre des Menschlichen auch auf der Ebene der Form durch den Sprung in eben jene Gattung, die sich ganz dem Menschlichen verschrieben hatte: der französischen Opéra comique, die dem Wiener Publikum aus dem Burgtheater seit einigen Jahren vertraut war. Gluck komponiert eigentlich ein klassisches Vaudeville-Finale: ein Strophenlied mit Chor-Ritornellen und Solo-Strophen für jede der drei Hauptfiguren. Wenn die Autoren erklären, das Ende der Oper sei eine Konzession an die Tradition, ist das mehr als Hinweis auf die Funktion dieser Konzession zu sehen, denn als Beklagen einer Unzulänglichkeit. Glucks *Orfeo* steht damit von sowohl der inhaltlichen Konzeption als auch der formalen Lösungen her wie ein Kommentar zur Oper an sich am Endpunkt einer Reihe von Orpheus-Opern. Calzabigi und Gluck ziehen gleichsam die aktuelle Konsequenz aus jener formgeschichtlichen Gemengelage, die Reinhard Kapp an den frühen Orpheus-Vertonungen seit Jacopo Peri und Giulio Caccini verfolgt hat und die sich davon ausgehend direkt bis zu Gluck weiterdenken lassen. Angelpunkt der musikdramatischen Gestaltung war, das erweist ein solcher historischer Rückblick, von jeher das Wechselspiel von Form und Inhalt.

Gedruckte Opern

Schon immer wurden Opern – sei es in Partituren bzw. Partitur-Auszügen, sei es in Libretto-Drucken – publiziert, stehen Notenausgaben wie Texteditionen in vielfältigen Wechselverhältnissen zu den in der Regel damit nicht deckungsgleichen Aufführungen der Werke. Drucke sind von Beginn an Teil eines Kommunikationszusammenhangs, in den Autoren auch im musikalischen Theater ihre Werke stellen. Partituren und Libretti speichern und verbreiten die Werke über den unmittelbaren Umkreis der Aufführung selbst und des Komponisten hinaus. Das ist im Falle des *Orfeo* nicht grundsätzlich neu, sondern begleitet auch die Geschichte der Orpheus-Opern seit Peri und Caccini. Deren Kompositionen der Rinuccinischen *Euridice* liefern ein bemerkenswertes Beispiel dafür, wie eine Konkurrenz auf der Bühne in Drucken fortgesetzt werden konnte. Es entstand so ein kommunikatives Dreieck, in dem das Libretto die literarische Konstante lieferte, die Partituren allerdings in unmittelbarem Bezug zur Aufführung zu lesen waren und sich im Wettstreit mit dieser und miteinander befanden, sich dabei aber gleichfalls literarisierten. In der weiteren Geschichte der Oper spielen Literarisierungsstrategien sowohl auf der musikalischen wie auf der Textebene ein wichtige Rolle, und der Orpheus-Stoff ist dafür nicht nur zentral, weil er das Thema des Singens und der Macht der Musik ins Zentrum und weil seine Komposition den mythischen Sänger »auf die Bühne« stellt (also gleichsam von dem spricht, was das Publikum sinnlich erfahren soll), sondern auch weil seine literarisierte Fassung in Ovids *Metamorphosen* (Kap. 10.1–105) zum Kanon gehört. Ein musiktheatrales Bühnenwerk, das diesen Stoff wählt, siedelt sich – auch ohne dass es Ovids Text direkt aufgreift – von Anfang an in einer künstlerischen Topographie an, in der Literatur einen grundlegenden Bezugspunkt darstellt.

Die beiden Pole, die die Formgestaltung des Gluckschen Orpheus prägen, gehen parallel zu zwei Traditionen der Literarisierung der Oper, die sich seit dem späten 17. Jahrhundert herausbilden: In Frankreich wurde die schriftliche Aufzeichnung von Opern explizit nach dem Vorbild des klassischen Sprechtheaters zum Medium der Kanonisierung. Drucke wie Aufführungen werden durch königliches Privileg gesichert. Dies bildete auch die Voraussetzung für die Bildung eines Repertoires: Die Opern, die Lully und sein kongenialer Librettist Jean Philippe Quinault für Ludwig XIV. schufen, blieben etwa 100 Jahre lang auf dem Spielplan der Pariser Académie Royale de la Musique präsent, erlebten zahlreiche Wiederaufnahmen und (so könnte man mit heutigen Begriffen sagen) Neuinszenierungen, die auch in der Presse in ihrem Verhältnis zur als Partitur greifbaren gedruckten Gestalt der Oper diskutiert wurden. Neuvertonungen von Libretti gab es in Frankreich in dieser Zeit kaum, und wenn, dann im unmittelbaren Reflex auf das bereits vorhandene und im Repertoire wie als Druck präsente Werk (solche Libretti verwiesen also explizit auf einen vom Publikum mitgedachten musikalischen Subtext). Gluck sollte dies im Rahmen seines Pariser Opernauftrages einmal in seiner kompositorischen Konsequenz vorführen, indem er mit *Armide* ein völlig unverändertes Libretto von Phillippe Quinault neu komponierte, das mit der Musik von Lully etwa 80 Jahre lang auf der Bühne der Opéra zu sehen gewesen war. Die italienische, speziell die metastasianische Oper scheint dazu geradezu ein Gegenkonzept zu liefern: »Werk«haft, literarisiert und damit auch repertoirebildend war hier üblicherweise nicht die Partitur, sondern das Libretto. Nicht umsonst ließ Pietro Metastasio relativ früh Werkausgaben drucken, auch Calzabigi nahm sein Wiener *Orfeo*-Libretto in eine Werkausgabe auf, die er in jenem Jahr 1774 herausbringen sollte, in dem das Werk in Paris in einer französischen Fassung auf die Bühne kam. Die Musik gehörte aus solcher Perspektive gleichsam zur Inszenierung, d. h. zur »Interpretation« der Libretto-Dichtung. Die Musik war entscheidend für die Exklusivität und Neuheit der jeweiligen Aufführung und daher jeweils auch unmittelbar auf die Aufführungssituation und die an ihr Beteiligten zugeschnitten – besonders die Zusammenarbeit zwischen Sängern und Komponisten gestaltete sich vor diesem Hintergrund unmittelbarer als in Frankreich, was dann auch bei Glucks Arbeit mit französischen Sängern zum Problem werden konnte, wenn er deren Arbeitsweise und diese die seine jeweils als Eingriffe in das eigene Gebiet begriffen.

Die Druckgeschichte des Gluckschen *Orpheus* nun bewegt sich, den kulturpolitischen Rahmenbedingungen Rechnung tragend, von Beginn an zwischen italienischer, dem metastasianischen Wien verpflichteter, und französischer Tradition. Dafür sprechen schon die 1764 und 1774 in Paris publizierten Partituren. Der Druck der Wiener Fassung ist ganz offensichtlich auch ein Dokument der Aufführung, teilt er doch neben dem Komponisten auch die Namen des Ballettmeisters, des Bühnenbildners und der Sänger mit. Die publizierte Partitur der französischen Fassung von 1774 enthält solche die Aufführung betreffenden Informationen nicht, dafür eine Widmung an die Königin, also die Habsburgerin Marie Antoinette (die in der Neuauflage der Partitur von 1781 fehlt). Dieser Partiturdruck rechnet überdies offensichtlich damit, dass seine Leser von der früheren Fassung für Wien zumindest wissen, wenn nicht sogar deren Partitur kennen, denn die Umarbeitungen (z. B. die Ergänzung der Ballette, neue Instrumentationen etc.) gegenüber der Wiener Fassung sind ausdrücklich durch den Hinweis »R(efait)« kenntlich gemacht (er findet sich beispielsweise gleich am Eingangschor des ersten Aktes, so dass man dies sofort bemerkt).

Auch die Libretto-Drucke zeigen, dass hier eine breitere, auf die zeitgenössisch aktuellen Theaterdebatten zielende Rezeption angestrebt ist, als es ein an den Anlass gebundenes, einfaches Aufführungslibretto – etwa einem heutigen Programmheft vergleichbar – vermag (allein die Fassung für *Feste d'Apollo* in Parma hat lediglich ein solches Aufführungslibretto hinterlassen, das in das kommunikative Netz der übrigen Drucke nicht eingebunden ist). Bereits im Umfeld der Wiener Uraufführung erschien ein ganzes Bündel von Publikationen mit offensichtlich unterschiedlichen Zielrichtungen. So kam nicht nur das für die vorliegende Edition verwendete italienische Textbuch heraus mit Angabe der Mitwirkenden, der szenischen Besonderheiten, Veränderungen der Bühne, Ballettszenarien etc., sondern es entstand (wie in Wien üblich) parallel eine deutsche Übersetzung von Jacob Anton Edler von Ghelen, die uns in zwei »Versionen« überliefert ist: zum einen als Aufführungsprogramm in Ghelens Verlag 1762, sodann gleichsam in einer literarisierten Fassung in der bei Johann Paul Krauss in Wien herausgebrachten Reihe *Deutsche Schaubühne zu Wien nach alten und neuen Mustern* (offensichtlich unter Verwendung von Ghelens Satz). Daneben publizierte in Wien Ghelens Konkurrenz-Verlag, der Universitäts- und Hofdrucker Trattner, sofort auch eine zweisprachige Ausgabe in italienischer und französischer Sprache. Im Titel dieses Drucks wird kein Übersetzer genannt, aber es findet sich der Hinweis »traduction libre« im Untertitel. Dieses Libretto wahrt die Formenwelt der italienischen Dichtung und liefert dazu sozusagen eine Lesehilfe für frankophone Leser. Zwei Jahre später, 1764, kommt schließlich in Paris, flankierend zur im gleichen Jahr gedruckten Partitur der Wiener Fassung, noch ein französischsprachiges Libretto in der Übersetzung von Pierre Moline heraus. Ganz offensichtlich übersetzte dieser den komponierten Text aus der Partitur und nicht eine der publizierten italienischen Libretto-Editionen, wie man vor allem daran sehen kann, dass Moline versucht, den metrischen Gegebenheiten der Komposition möglichst genau zu folgen (also gleichsam einen singbaren oder direkt zur Musik lesbaren Text zu gestalten). Die metrischen Gegebenheiten sind dem französischen Publikum nämlich sofort ohrenfällig, im Unterschied zu Anpassungen des Szenenaufbaus, die erst bei einem Vergleich der Textfassungen ins Auge fallen. Italienische und französische Versmetrik sind im Grunde kaum miteinander kompatibel, so dass Molines französische Verse aufgrund der Bindung an die bereits vorhandene, in metrischer Hinsicht »italienische« Musik metrisch oft »fehlerhaft« erscheinen müssen. Im Vorwort zu seiner Übersetzung spricht Moline deshalb dieses besonders im Blick auf die musikalische Gestaltung virulente Problem sofort an:

> Calzabigi ist der Autor der italienischen Dichtung. Wir haben den Wortlaut des Originals in der Übersetzung so weit als möglich beibehalten: Unser schwaches Werk hat wegen der außerordentlichen Schwierigkeit, die französischen Verse an die ausdrucksvolle Musik einer Oper anzupassen, die auf den wichtigsten Theatern Europas bereits erfolgreich aufgeführt worden ist, mehr Nachsicht nötig als jedes andere.[2]

Schwierigkeiten entstehen bereits ganz grundlegend auf der Ebene der für Operntexte üblichen Versformen: in Italien nutzt man in Libretto-Dichtungen für Rezitative üblicherweise Sieben- und Elfsilbler (in der Regel ohne Endreime), während die französische ernste Oper den aus dem Sprechtheater übernommenen zwölfsilbigen Alexandriner (der gleichsam die Augenhöhe der Oper mit dem Sprechtheater anzeigt) durch achtsilbige Verse auflockert (beide Versarten sind üblicherweise gereimt und stellen die formale Fassung des Sprechens eher aus, als sie zu verbrämen). Überdies zeichnen sich französische Verse, was für den Komponisten eine entscheidende Bedingung schafft, durch

2 Siehe vorliegende Ausgabe, S. 64/65.

feststehende Akzente und Zäsuren aus, während diese in italienischen Versen jedenfalls teilweise variabel sind, d. h. in einem gewissen Rahmen auch kompositorischen Gestaltungsfreiraum bieten. Während der Komponist im italienischen Rezitativ-Vers die Aufgabe hat, die Akzente in größtmöglicher Varietät festzulegen und so unter den Bedingungen gebundenen Sprechens (also auf der höchsten Stilebene) eine möglichst freie Diktion zu erreichen, werden im Französischen Veränderungen in der Akzentsetzung immer als absichtsvolle und sinntragende Regelübertretung wahrgenommen (etwa als Zeichen starker innerer Bewegung etc.).

Die Konfrontation der unterschiedlichen prosodischen und metrischen Bedingungen wird nicht nur in den Rezitativen, sondern auch in den strophischen Texten von Arien und Chören virulent, wie man an einigen prominenten Szenen beobachten kann. In der Unterweltszene zu Beginn des zweiten Aktes, einer eigentlich am französischen Vorbild orientierten strophischen Chorszene, greift Calzabigi programmatisch auf eine charakteristische und traditionell in der italienischen Oper mit Furienszenen verbundene Versform zurück, die von einem opernerfahrenen Publikum sofort mit diesem Szenentyp identifiziert werden wird: den sogenannten *quinario sdrucciolo*, einen fünf- oder sechssilbigen Vers mit einem daktylischen Schluss (also der Betonung auf der drittletzten Silbe, dem sogenannten *sdrucciolo*, im Deutschen auch »Gleitvers«). Diese Versform gibt es so im Französischen nicht, und der Übersetzer entscheidet sich, sie auch gegen deutliche prosodische Widerstände seiner Version durchzuhalten.

Chi mai dell'Erebo	Quel est l'audacieux,
Fralle caligini	Qui dans ces sombres lieux
Sull'orme d'Ercole	Ose porter ses pas,
E di Piritoo	Et devant le trépas
Conduce il piè?[3]	Ne frémit pas?[4]

Man kann nun deutliche Reibungen mit dem komponierten Metrum, wie sie in nahezu jedem Vers der Übersetzung vorkommen, als Fehler hören: vor allem die Reibung zwischen dem daktylischen Schluss der Versvertonung, die der französischen Prosodie des Textes, die eine Betonung der Endsilben fordert, zuwiderläuft, überdeutlich noch betont im vierten Vers, der der Prosodie nach in zwei metrisch gleiche Teile geteilt ist und den Akzent eigentlich in »Et devant« wie in »le trépas« jeweils auf die dritte und nicht auf die erste Silbe legt. Andererseits aber betonen diese Reibungen die Übernahme der sprachfremden, italienischen Verstradition noch, die in diesem Fall ja auch sinntragend ist, und sorgen dafür, dass sie auf jeden Fall bemerkt wird. Dies ist also weniger ein inhaltliches Übersetzungsproblem, als vielmehr ein Verfahren, das Fragen der formalen Gestaltung in den Blick rückt.

Schon die Übersicht über die Publikationen zeigt, dass es von Beginn an verschiedene Bezugnahmen zwischen Partitur, Aufführung und Libretto-Dichtung sowie deren Übersetzung gibt – und dass das Lesen des Textbuchs auch zur Entstehungszeit der Gluckschen Opern nicht nur mit dem Besuch einer Aufführung verbunden ist. Ganz offen-

3 Übers. s. oben, S. 28.
4 Übers. s. oben, S. 88.

sichtlich können Libretti vor allem auf der formalen Ebene eigene Informationen transportieren. Wie weit das Bewusstsein hierfür in der allgemeinen Wahrnehmung geschwunden ist, kann man beispielhaft am Umgang mit den Versformen italienischer Libretto-Nachdrucke etwa in CD-Beiheften sehen. In der Regel werden dort die Zeilenumbrüche vor allem in den Rezitativen aufgelöst, um Platz zu sparen. Da die typischen Sieben- und Elfsilbler des italienischen Rezitativs oft keine Endreime bilden, kann man dann die Versform kaum mehr bemerken. Damit aber geht ein entscheidender Aspekt verloren: Die Kunst des Rezitativs liegt gerade darin, innerhalb des gebundenen Sprechens in Versen, das die Stilhöhe des ernsten Dramas sichert, eine Flexibilität zu erreichen, die prosanahe Diktion erlaubt, aber eben nicht Prosa ist. Die Libretto-Drucke des 18. Jahrhunderts legen also, wie man an den leicht greifbaren Faksimiles sehen kann, aus gutem Grund viel Wert auf die typographisch sorgfältige Markierung der Versformen.

Auch die strophischen Arien- und Chortexte werden typographisch deutlich von den rezitativischen Versen markiert, denn durch sie setzt der Librettist Signale in Richtung der kompositorischen Formtraditionen, die der Komponist dann entweder aufgreifen oder unterlaufen kann. Im Falle von Calzabigis Libretto zu *Orfeo* ist dies nicht nur in der bereits besprochenen Übernahme der formbildenden Funktion von strophischen Chören und Arien aus der französischen Tradition interessant, die der Autor bereits in sein Libretto einschreibt, sondern auch im Blick auf die in dieser Zeit auf dem Prüfstand stehende Da-capo-Arie, die ja in dieser Oper kaum vorkommt. Betrachtet man das Libretto, ergibt sich eine interessante Perspektive, die zeigt, wie hier mit der Tradition experimentiert wird. In Libretti werden Arien-Texte üblicherweise als zweistrophige Texte notiert, deren Strophen in der Regel zwischen drei und fünf Verse haben (wobei die beiden Strophen oft die gleiche Verszahl haben, aber nicht haben müssen). Das Da-capo wird in der Regel nicht notiert, sondern versteht sich aus der Formtradition von selbst. Diese Strophenform findet sich bei Calzabigi an mehreren Stellen im Zusammenhang italienischer Szenenanlagen, d. h. auf ein Rezitativ folgt ein solcher Arien-Text: in der zweiten Szene des ersten Aktes für Amor, in der ersten Szene des dritten Aktes für Euridice und in der gleichen Szene für Orfeo – eben jenes berühmte »Che farò«. Jede der Figuren also erhält, ganz wie es sich gehört, wenigstens einen solchen Arien-Text. Nur einer dieser Texte, der für Euridice, wird tatsächlich als Da-capo-Form komponiert. Der Text für Amors Aria legt allerdings durch die identische Reim- und Versstruktur beider Strophen nahe, dass man sie auch als Refrain-Form komponieren kann, was Gluck – durchaus den Gepflogenheiten der Zeit folgend – auch tut, schon um diese Rolle in der Hierarchie der Charaktere gegenüber Orfeo und Euridice abzusetzen (es geht natürlich nicht an, dass eine andere als eine der beiden Hauptfiguren die erste Da-capo-Arie des Stückes singt). Interessant sind nun aber die Arie des Orfeo und ihre Funktion für die Formanlage der zentralen tragischen Szene des dritten Aktes, in der er seine Geliebte wiederzugewinnen hofft, sie aber gleich wieder verliert. Calzabigis Text bietet eine klassische italienische Szenenanlage an, die mit einem Rezitativ beginnt, dann eine Auftrittsarie für Euridice vorsieht (erwartbar zweistrophig, d. h. als Da-capo-Arie). Es folgt ein kurzes Rezitativ, dann ein Text für Orfeos Arie (ebenfalls zweistrophig, allerdings mit der – eher ungewöhnlichen – Andeutung eines Da-capo). Eigentlich müsste Orfeo Calzabigis Angebot einer Dacapo-Arie annehmen und abgehen. So einfach aber kann es nicht gehen, denn sonst wäre das Stück hier zu Ende. Würde Calzabigi nämlich der italienischen Formkonvention in dieser Szene unmittelbar folgen, hätte Euridice überdies bereits nach ihrer Arie abgehen und gegebenenfalls hinter der Bühne sterben müssen. Calzabigi aber lässt sie auf offener Szene niedersinken und auf der Bühne liegen. Gluck aber kann nun Orfeo, den er von Beginn an als französische Figur eingeführt hat, angesichts der toten Euridice auf seine genuinen Ausdrucksmöglichkeiten zurückgreifen lassen: Er dramatisiert diese Arie als eine strophische Form mit rezitativischen Einschüben und öffnet sie in einen rezitativischen Monolog. Nur dieses Umbiegen der Szene in die französische Formen- und Ausdruckswelt, die für die dramatische Darstellung der Trauer des an seiner Aufgabe vermeintlich gescheiterten Orfeo konsistenter scheint als die Da-capo-Form, ermöglicht es letztlich, dass die tote Euridice auf der Bühne bleibt und in der nächsten Szene dort auch von Amor vorgefunden werden kann, der schon allein deshalb, weil sie noch auf der Bühne ist, ahnt, dass hier noch etwas zu machen sein könnte. Innerhalb der italienischen Konvention hätte im Grunde keiner die Möglichkeit gehabt, auf eine auf offener Szene in den Todesschlaf sinkende Heldin zu reagieren. Die französische Oper hält dagegen den Szenentypus des Sommeil bereit, sieht also schlafende Helden durchaus vor. Der Impuls zum Umschlagen der zentralen Szene des dritten Aktes liegt mithin schon in der scheinbar inhaltlichen Idee, Euridice auf der

Bühne zu lassen, und Calzabigi lenkt so gleichsam die formalen Lesarten des Textes der Orfeo-Arie. Nun aber, da Amor Euridice in der Folgeszene auf der Bühne vorfindet, kann er seine Lösung des Problems ins Werk setzen und das Stück einem glücklichen Ende zuführen. Die Mehrdimensionalität dieses Umschlags allerdings wird erst im Vergleich zwischen Libretto-Dichtung und kompositorischer Umsetzung ganz klar, man könnte dieses Spiel mit den Konventionen nicht genau verfolgen, wenn der Libretto-Text formal der Vertonung folgte. Vor allem in diesem Sinne ist das Libretto eine eigenständige Gattung, die nach ihren eigenen Regeln gelesen werden will.

Wie das Spiel mit italienischen und französischen Formmöglichkeiten in dieser Szene auf die Wiener Situation und ein in den Traditionen der metastasianischen Oper geschultes Publikum zugeschnitten war, zeigt ein Blick in das Libretto zur Pariser Fassung. Überdeutlich wird die Anpassung an die Tradition der zentralen Gattung der Opéra, der Tragédie lyrique, im Finale: Das ursprüngliche Vaudeville-Finale muss, dem Aufführungsort die Reverenz erweisend, in ein veritables Schluss-Divertissement umgedeutet werden, dessen Tanzpartien im Libretto angezeigt werden. Dazu muss auch die vorletzte Szene formal umgestaltet werden. Während die Wiener Fassung den Schmerz des Orfeo und die Wiedererweckung der Euridice in einer großen rezitativischen Szene zelebriert, ist diese in Paris deutlich gekürzt und mündet nun in ein Trio der drei Protagonisten, das die eigentliche Handlung gleichzeitig musikalisch schließt und das große Fest des Schlussballetts ausdrücklich ankündigt: »Feiert immerzu meine Wohltaten«. Auch im Umgang mit den Arienformen wird die

Verschiebung der Interessen in Paris sichtbar, schon im ersten Akt: Zwar setzt man hier die in der italienischen Fassung der ersten Szene angelegte Zweiteilung formal um, weicht aber die überdeutliche Orientierung am einheitsstiftenden Modell der Strophen in der nun zweiten Szene mit dem zurückgebliebenen Orphée insofern auf, als das Libretto nun in seinem Monolog ausdrücklich drei Airs numeriert und diese dadurch nicht so deutlich wie das Wiener Libretto als formal-vereinheitlichende Klammer zeigt. Es ist nicht mehr nötig, diese in Wien eindeutig französisch konnotierte Formidee so deutlich zu machen, wie es dort nahelag. Dies gilt auch für die italienischen Formtraditionen in den Arien, wie sich an der zentralen Szene des dritten Aktes beobachten lässt: Die zweistrophige Gliederung der Arien der Euridice wie des Orfeo ist hier zu jeweils einer Strophe zusammengezogen, so dass die Option, hier noch die italienische Formtradition durchscheinen zu lassen, gar nicht mehr aufscheint (das Problem, die tote Eurydice auf der Bühne zu begründen, liefert hier ja auch keinen Anlass mehr, diese Tradition zurückzuweisen). Auch die kompositorische Ausführung des Angebots zu einer Da-capo-Arie für Euridice, die in der Wiener Fassung den Deutungshorizont hörbar machte, ist nun aufgelöst und der B-Teil der Da-capo-Arie ist als Duo für Orphée und Eurydice gestaltet, auf das die Wiederholung des solistischen A-Teils folgt. Orphées Arie muss für Paris nicht grundsätzlich neu gedacht werden. Allerdings ist es nun nicht mehr nötig, dies als Lesart eines Da-capo-Textes sichtbar zu machen. Die deutschen Libretto-Editionen der Folgezeit, allen voran die bis heute in Teilen verbreitete des Berliner Gelehrten, Verlegers und Musikers Johann Daniel

Sandner, der für eine Aufführung der französischen Fassung 1786 offenbar nach dem Pariser Aufführungslibretto übersetzt hat, orientieren sich im Blick auf die Form an der französischen Schreibweise oder folgen in den Strophengliederungen der Arien zuweilen auch den komponierten Formzusammenhängen, geht es ihnen doch, anders als den Wiener Publikationen, nicht mehr um das Kenntlichmachen der formalen Traditionen, sondern zunehmend vor allem darum, die Fortschrittlichkeit der dramatisierten Formen zu betonen. So kann an der typographischen Gestaltung der späteren Libretto-Drucke der Wandel der mit dem Libretto verbundenen Formvorstellungen und damit verbunden auch der des Verhältnisses von Libretto und Komposition im Zuge der Aufführungs- und Kanonisierungsgeschichte dieser Oper verfolgt werden.

Zu dieser Ausgabe

Wenn die historische Aufführungspraxis die ursprünglichen Werkgestalten der Wiener und Pariser Fassung wieder in den Blick und vor Ohren rückt, ist es nur folgerichtig, dies auch in Libretto-Editionen zu reflektieren. Gleichsam als Pendant zur historisch informierten Aufführung entsteht der Bedarf nach historisch informierten Libretto-Editionen, die ihre Leser in die Lage versetzen, das Wechselspiel von Form und Inhalt zu verfolgen, das von jeher die Entwicklung der Oper so besonders prägte. Dies im Einzelnen nachzuvollziehen wird erst möglich, wenn man das Libretto als eigenständigen Text, als Angebot für den Komponisten, auch vor sich hat und es mit der Oper – sei es in der Aufführung, sei es in Partitur oder Klavierauszug – vergleichen kann. Die Konvention der Libretto-Drucke in der Oper und auch die überlieferten Libretti zu Glucks *Orpheus* zeigen auf vielfältige Weise, dass man mit solchen Interessen rechnete, dass dies zum Vergnügen an der Oper gehörte – ihre Funktion geht ganz offensichtlich von Beginn an weit über die einfache Information über den Gang der Handlung hinaus.

Die vorliegende Ausgabe zielt vor diesem Hintergrund darauf, nicht nur die inhaltlichen, sondern auch die formalen Bedingungen der originalen Libretti – Szenenanlage, Strophen- und Versformen etc. – sichtbar zu machen. Sie folgt deshalb nicht dem komponierten Text, sondern der Libretto-Dichtung, deren formale Bedingungen aus den zeitgenössischen Editionen übernommen wurden. Die Orientierung im Vergleich mit der musikalischen Gestaltung erleichtern die rechtsbündig in kleinerer Type ergänzten musikalischen Formbezeichnungen aus der Partitur (Zusätze der Übersetzer stehen in eckigen Klammern). Die historische Orthographie wurde beibehalten, und nur in Einzelfällen wurde nötigenfalls die Interpunktion vorsichtig ergänzt und die Akzentsetzung vereinheitlicht. Als Textgrundlage dienten die Originaldrucke der Libretti zu den Aufführungen in Wien 1762 und Paris 1774, die im Rahmen der kritischen Gesamtausgabe der Gluckschen Werke als Faksimiles ediert wurden: *Libretti. Die originalen Textbücher der bis 1990 in der Gluck-Gesamtausgabe erschienenen Bühnenwerke und Textbücher verschollener Werke*, hrsg. und kommentiert von Klaus Hortschansky, Kassel 1995 (= *Gluck-Gesamtausgabe, VII:* Supplement, Bd. 1). Die in enger Zusammenarbeit der beiden Übersetzer besorgten deutschen Fassungen von Christine Siegert (*Or-*

feo ed Euridice) und Andreas Münzmay (*Orphée et Euridice*) streben weder nach einem poetischen Pendant zum Original, noch liefern sie einen singbaren Text, sondern informieren über die wörtliche Bedeutung der Libretti und zeigen überdies durch wortgleiche Übersetzung der Passagen, bei denen dies möglich war, wo Pierre-Louis Moline in seiner französischen Übersetzung seinerseits versucht hat, wörtlich am italienischen Text zu bleiben.

Dörte Schmidt

Diskographische Hinweise

Wiener Fassung:
John Elliot Gardiner mit Derrik Lee Ragin (Orfeo), Silvia McNair (Euridice), Cyndia Sieden (Amor), Monteverdi Choir, English Baroque Soloists, Decca 1991

Pariser Fassung:
Marc Minkowski mit Richard Croft (Orphée), Mireille Delunsch (Eurydice), Marion Harousseau (L'Amour), Les Musiciens du Louvre, DGG 2004

Berlioz-Fassung:
John Elliot Gardiner mit Anne Sofie von Otter (Orphée), Barbara Hendricks (Eurydice), Brigitte Fournier (L'Amour), Monteverdi Choir, Orchestre de l'Opéra de Lyon, EMI 1989

Literaturhinweise

Buschmeier, Gabriele: Zur Problematik der Edition von Operntexten im Rahmen musikalischer Ausgaben. Glucks Opern zwischen Original und Bearbeitung. In: Der Text im musikalischen Werk. Editionsprobleme aus musikwissenschaftlicher und literaturwissenschaftlicher Sicht. Hrsg. von Walter Dürr [u. a.]. Berlin 1998. S. 156–168. (Beihefte zur Zeitschrift für deutsche Philologie, Bd. 8)

Heartz, Daniel: Gluck and the Operatic Reform. In: D. H.: Haydn, Mozart and the Viennese School 1740–1780. New York / London 1995. S. 143–234.

Kapp, Reinhard: Motiv- und Formwanderungen und -wandlungen zwischen frühen Orpheus-Opern. In: Inszenierung durch Musik. Der Komponist als Regisseur. Liber amicorum für Silke Leopold. Hrsg. von Dorothea Redepenning und Joachim Steinheuer. Kassel 2011. S. 129–156.

Leopold, Silke: Opernreformen. In: Die Musik des 18. Jahrhunderts. Hrsg. von Carl Dahlhaus. Laaber 1985. S. 239–253. (Neues Handbuch der Musikwissenschaft, 5.)

– Über die Inszenierung durch Musik. Einige Überlegungen zur Interaktion von Verhaltensnormen und Personendarstellung in der Barockoper. In: Basler Jahrbuch für Historische Musikpraxis 23 (1999), S. 9–40.

Miller, Norbert: Christoph Willibald Gluck und die Tragödie für Musik I: Die Reformopern des Ranieri de' Calzabigi. In: N. M. / Carl Dahlhaus: Europäische Romantik in der Musik. Oper und sinfonischer Stil 1770–1820. Stuttgart 1999. S. 57–116.

Schmidt, Dörte: Konsequenzen. Das Verhältnis zwischen Theorie und Praxis und Glucks Schritt nach Paris. In: D. S.: *Armide* hinter den Spiegeln. Lully, Gluck und die Möglichkeiten der dramatischen Parodie. Stuttgart 2001. S. 210–214.

Ulm, Renate: Glucks Orpheus-Opern. Die Parma-Fassung von 1779 als wichtiges Bindeglied zwischen dem Wiener *Orfeo* von 1762 und dem Pariser *Orphée* von 1774. Frankfurt a. M. [u. a.] 1991.